マンションの格差

榊 淳司

講談社現代新書

2388

まえがき

それは35年前のことだった。都心に勤務する同年代の二人のサラリーマンA氏とB氏が、それぞれマンションを購入した。価格はいずれも4000万円前後。二人とも同じように35年返済のローンを組んだ。

そして35年後、二人はどうにかローンを払い終えた。ともに定年を過ぎ、今は年金の支給を受けながら非正規雇用で働く身。普段の暮らしにこそ不自由はしていないが、後期高齢者になった時の健康面が心配だ。

そんな二人が、いずれ将来は高齢者施設に入ることを想定し、自宅マンションの売却を検討。それぞれ不動産仲介業者から売却の査定額を出してもらった。その結果――。

A氏のマンションは3200万円。

B氏のマンションは800万円。

両者のマンションの査定額には4倍もの差がついている。35年前の購入時にはほとんど同じだったのに、なぜこれほどまでに差が開いてしまったのか？

これは明らかに分譲マンションの資産価値における「格差」である。

「格差社会」と呼ばれて久しい。しかし、それは大まかに人間社会における格差であった。世帯収入によって子どもの学歴や職業に格差が生まれ、やがて社会の分断化・階層化が進み、固定化する。そして、格差は「遺伝」し、世代を超えてさらに拡大していく。

そうした中、今、この国ではマンションにおける格差も歴然としてきた。それは今後急拡大することが確実だ。なぜなら、この国のマンションを含めた不動産市場では、人口や世帯数の減少によって住宅が確実に余っている。そして、その傾向は今後強まることはあっても、弱まることは決してない。結果、分譲マンションは凄まじい資産価値の競争にさらされているのだ。

この競争のベクトルを読み誤ってマンションを購入すると、5年後、10年後にはB氏以上の「負け組」になってしまう可能性が高い。本書は、読者諸氏に対して「負け組」ではなく、A氏のような「勝ち組」になってほしいと願っている。そのための視点や価値観を示すことが、本書を世に送り出す目的である。
以下、35年前のA、B両氏の選択から、どこが「勝ち組」と「負け組」の分かれ目になったのかを考えてみたい。

A氏が購入したマンション
●住所／東京都△△区□□町○丁目
●交通／××電鉄「○○」駅徒歩5分
●間取り／3DK
●面積／56㎡

東京駅へ私鉄とJRを乗り継いで乗車時間が25分。山手線の西側にある住宅と商業施設、事業所などが入り混じったエリア。80戸で15階建ての12階。西南向きだが、窓の外はそれなりの開放感。2度の大規模修繕を行って管理状態は良好。分譲時から7割の住戸で所有者が入れ替わっている。賃貸や中古で購入した若い家族もよく見かける。

B氏が購入したマンション

● 住所／千葉県□□市△△町
● 交通／○○線「××」駅徒歩11分
● 間取り／4LDK
● 面積／98㎡

比較的新しい鉄道路線の沿線で開発されたニュータウン型の街区。東京駅までは乗り換え2回で乗車時間50分。地元の駅前には大手のスーパーがあるが、撤退のうわさが絶えない。250戸の大規模マンション。14階建ての7階。南向きで日当たり良好。管理状態もおおむね良好で、大規模修繕は1回行われた。しかし現在、管理組合は管理費等の滞納対策に追われている。全住戸の6割に分譲時の購入者が居住。小中学生は数えるほどしかいない。空き家が目立っている。

A氏のマンションは都内にあり、なんといっても最寄り駅から徒歩5分。10年後でも「住みたい」と考える人が確実に存在するはずだ。多少古くなっても、きちんとメンテナンスをすれば、今後数十年はそれなりの資産価値を維持し続けると推測できる。

これに対しB氏のマンションは、このままでは廃墟化の危機を迎える。現在の市場価格である800万円でも、わざわざ「購入して住む」という需要を想定しにくい。管理組合の運営は年々困難さを増していくはずだ。

このA氏とB氏のケーススタディは、四半世紀以上にわたってマンション分譲を中心とした不動産業界に関わっている私の身近にいた、団塊世代の二人のサラリーマンが経験したこと。多少の脚色はしているが、極めて「現実」に近い内容である。

さて、分析を続けよう。A氏は高齢者施設に入る時に、3000万円以上のキャッシュを用意できる。しかし、B氏はどうするのだろう？　10年後にB氏がマンションを売却しようとしても、今の800万円ではまず売れない。というか、買い手を見つけることすら困難であると予測できる。

35年前の二人の選択が、両者の人生の晩年における「風景」に大きな格差を生じさせた。マンション選びは、人生の格差と確実に直結している。とはいえ、この2つのマンションがともに4000万円前後で販売されていた35年前に、A氏とB氏が35年後の資産価値を推し量るのは難しかっただろう。なぜなら、いずれも販売元が多額のお金をかけて広告を行っていたからだ。とりわけ大規模な250戸のB氏のマンションの広告宣伝費は、A氏のマンションの3倍程度あったと推定できる。そういう大量の広告を浴びせかけられた人々が、「35年後にはA氏のマンションの方が絶対的に有利。B氏のマンションは廃墟の危機を迎える」などといった賢明な判断ができたとは思えない。

ひるがえって現在、新築マンション市場ではどんなことが起こっているのか？
ここで現在の市場で起こっているマンション格差の顕著な例として、京都市内で2016年の春に販売されていた2つの物件の新築マンションを紹介したい。

C　マンション名「ザ・パークハウス　京都鴨川御所東」
売主／三菱地所レジデンス　京阪鴨東《おうとう》線「神宮丸太町」駅徒歩6分
全85戸（事業協力者住戸10戸含む）　2017年3月完成予定　地上5階地下1階建

D　マンション名「イニシア桂大橋」
売主／コスモスイニシア　阪急京都本線「桂」駅　徒歩16分
全158戸　2017年6月完成予定　地上7階建

Cは、京都市の真ん中を流れる鴨川沿いに立地。住戸によっては、窓の外に鴨川が見える。毎年8月16日には、大文字山の送り火を眺めることができるかもしれない。一方、Dは京都市の西郊を流れる桂川沿いに建つ。こちらも住戸によっては桂川を眺めながら暮らせる設計だ。桂川というのは、あの嵐山の前を流れている川といえば、わかりやすいだろう。

C、D両物件とも、京都を象徴する川を眺めて暮らすという共通項がある。しかし、この2物件には大きな違いがある。それは何か？

ズバリ言ってしまえば、価格である。

Cは、最低価格こそ4000万円台から設定されていたが、一番高い住戸は7億4900万円で、その広さは287㎡。このマンションはどう見ても富裕層向きの超高級物件だ。これに対し、Dの分譲価格は2000万円台から4000万円台まで。こちらは、比較的手頃な価格設定となっている。

私が身を置く不動産業界では、マンションの価格は床面積に対する単価で比較する。Cの7億4900万円の住戸は、坪単価が約862万円。一方、Dの推定平均坪単価は160万円。つまり、価格に5倍以上の差がある。

「そりゃあ、超高級マンションと庶民向けでは建築費が違うでしょう?」
普通に考えるとそうなる。しかし、実際のところ鉄筋コンクリート造で建築されるマンションの建築費坪単価というものは、高級であろうと庶民向けであろうと、2倍以上も違うことはごくまれだ。そもそも、建築基準法によって厳格に基準が定められているのだから、鉄筋コンクリートの躯体《くたい》部分について、建築費は理論的にそう大きく変わらないはず。あとは外壁材や内装材、水回りなどの機材にかかる費用の差、ということになる。要するに、この5倍の差は建築費ではなくて、土地の価格の違いが大半だと推定できる。

では10年後、Cの7億4900万円の住戸が中古で売り出されたとしたら、どのくらいの評価になるだろうか? あるいは、Dの新築時に3500万円で販売された住戸は、10年後の中古価格がどうなっているのか?

10年後のことは誰にもわからない。

ただひとつだけ、確実にわかることがある。Dのマンションは、新築時の半分くらいになっていたとしても、ほぼ確実に売却できる。一般のエンドユーザー向けであるから、住居用として買いたいというニーズは必ずある。最寄り駅から16分とはいえ、桂川ビューや立地の魅力がそれなりなので、価格さえその時の市場に折り合えば、売却できるはずだ。

ところが、Cの7億4900万円の住戸は、半値の3億7000万円なら買い手がつくかというと、かなり不透明と判断せざるを得ない。その時の経済状況次第というところがある。好景気で株価も上がっていれば、元の7億4900万円より高く売れるかもしれない。逆に、景気が悪くなっていれば、半値か3分の1でも、買い手はそう簡単に現れない可能性が高い。なぜなら、Cは「趣味」で買われるマンションだからである。その時に、趣味で「こういう物件を買っておこうか」という富裕層が現れない限り、売れないのだ。

そして、Cの7億4900万円という価格は、多分にバブルの要素が入っている。一方、Dは中所得層向けのマンションであるから、バブルの要素が極めて小さい。

しかし、この5倍という格差を我々はどう捉えるべきなのだろう?

「それは、それぞれ買い手が現れさえすれば『市場価格』と考えるべきだ」

経済学の教科書的に考えれば、このようになる。とはいえ、同じ京都市内のわずか数キロメートルしか離れていない2つのマンションの価格が5倍も違うことを、「売れさえすれば」という単純な理解で飲み込んでもよいのか？　鴨川ビューが桂川ビューより5倍も高く評価されることは、健全なのか？

マンションという、基本は鉄筋コンクリートで造られた集合住宅は、そもそもきちんと施工されてさえいれば均質性が高い住居形態だと私は考えている。つまり、日本のどこでも同じ品質のものを建築できるし、現に日々そういった均質性の高いマンションが日本各地で開発分譲されている。だが、それぞれのマンションについて、実際の市場からの評価や居住者の快適性について、さまざまな「格差」が生じている。

CとDのような売り出し価格の格差が、その代表例だ。これは、主に立地の違いによって生じる格差と言える。

しかし、同じエリアの同じような条件の分譲マンションであっても、中古マンションとしての資産評価が大きく異なる場合がある。その原因は結局、敷地の条件や全体計画の違いであったり、管理やメンテナンスの精度だったりする。

また、一般に分譲マンションは賃貸専用のマンションに比べて「格が高い」と考えられている。それをもって「格差」と言えば「格差」だ。しかし、実際のところは必ずしもそうとは限らないケースが多々ある。

マンションの「格差」を見極めることは、そのマンションの資産価値を客観的に見つめ直すことでもある。今住んでいるマンション、これから住むかもしれないマンション、親から譲り受けて何とかしなければいけないマンション、子どもから購入のための資金援助を求められているマンション……それらのマンションを「格差」の視点で見つめるとどうなるのか？

そして、今からマンションを買うとすれば、どういう選び方をすればよいのか？

前述の例で挙げた中では、C物件とD物件はあまりにも価格差があり過ぎる。しかし、高くても現状の市場評価の高いC物件的なマンションを志向するのか、それとも価格の割には楽しく暮らせそうなD物件的なマンションを探すのか、選び方の方向性を考えることはできる。

あるいは、35年前のA氏とB氏のケースでは、やはりA氏に先見の明があり、B氏が判断を誤ったと考えるべきなのか？

はっきり言って、こういった問題に揺るぎない「結論」があるわけではない。強いて言うならば、資産価値という視点での「結果」は出ている。また、資産価値の変化についての未来予測もできる。ただし、資産価値の優劣がすべての価値観に優先すると考えるのも、乱暴すぎる。

マンションを買うということは、ある意味で「人生の何分の一かを過ごす場所を決める」ということでもある。A氏は老後の資金にゆとりができた。そのことにA氏は大いに満足しているだろう。一方、B氏はこれまで35年を暮らし、これからの幾年かを過ごすのも長年親しんだ広いマンションである。そこには子どもたちとの楽しい思い出もたくさんあるはずだ。金銭の損得勘定ならA氏のマンションだが、そこでは得られなかったであろう空間のゆとりを、B氏は得たはずだ。

また、前記のCとDのマンションについては、7億円超のC物件のほうが、3000万円のD物件より素晴らしいと位置づけるのはカンタンだ。ただ、そういうことを論じることにさして意味はない。

マンションの格差に最も影響されるのは、購入者である。これからマンションを買う人、そしてすでに買って住んでいる人。ただ、市場はどういう視点でそれぞれのマンションを評価するのか。あるいは、購入者たちはいったん買ってしまったマンションを、格差社会の中で有利なポジションに導くためにはどういう方法があるのか。はたまた、そもそもこの冷徹なマンション格差の厳しい現実から逃れる方法はないのか。

本書では、そういった方向を探り、示していきたいと考えている。

目　次

第1章

マンションのブランド格差を考える

——最初に格差をつけるのはデベロッパー

デベロッパーの正体

分譲用の新築マンションを開発する企業は、「マンションデベロッパー」と呼ばれている。よく知られている会社は、三井不動産レジデンシャルや三菱地所レジデンス。住友不動産や大和ハウス工業にもマンションデベロッパー部門があり、毎年の供給ランキングを見ても常に上位に名を連ねている（図表1）。

大手の建設会社が直接マンション開発を行ったり、あるいはマンションデベロッパーとしてのグループ会社を作って事業を展開しているケースも多々ある。鹿島建設や、大成建設グループの大成有楽不動産である。また、日本の主だった私鉄はほとんどが不動産開発事業を行うグループ会社を作り、マンション事業を展開している。近鉄不動産や阪急不動産、京成不動産などだ。東急不動産も東急電鉄の関連会社である。セコムやオリックスといった、一見マンションとは何の関係もなさそうな大企業のグループ企業がマンション開発を行っている例もある。

さらに、総合商社も自ら乗り出し、子会社と組んでマンション開発を行っている。彼らの特徴は、市況のいい時には多数の事業を手掛けるが、悪くなるとさっさと手を引いてしまうことにある。一方、名前を聞いたことのない企業が新築マンションの売主になっている場合も多い。特に、地方では地元の不動産会社や建設会社がマンションの開発事業を行っているケースをよく見る。

なぜ、マンションの開発事業を行う企業は、こうも顔ぶれが多彩なのか？

たとえば、日本では自動車を作るメーカーは数社に限られている。商社や鉄道会社が子会社や関連会社を作り、自動車を製造・販売しているようなことはない。多分、そう簡単にはできないのだろうし、たとえやったとしても既存のメーカーには敵わないだろう。

日本で分譲用のマンションを開発・販売する企業が大手から中小、零細まで雑多に広がっているのには、きちんとした理由がある。それは、参入障壁が著しく低いから。誰でも簡単に始められるのだ。そして、外国からの輸入品と品質面で競争しなければならない、というようなこともない。外資系のデベロッパーも存

図表1　2015年供給ランキング（首都圏）

順位	社　名	戸数
1位	住友不動産	4076
2位	三井不動産レジデンシャル	3478
3位	野村不動産	3216
4位	三菱地所レジデンス	3132
5位	東京建物	1326
6位	大和ハウス工業	1178
7位	大成有楽不動産	1141
8位	一建設	1013
9位	東急不動産	1012
10位	アーネストワン	886

出所：不動産経済研究所《全国マンション市場動向》2015年のまとめ

在しない。さらに言えば、簡単に利益が上げられる。素人が始めても、儲かる場合には儲かってしまう。だから、いろいろな種類の企業がマンション開発事業に参入してくるというわけだ。

景気がいいと、ありとあらゆる企業がグループ会社を作ってマンション開発に乗り出す。ところが、景気が悪くなって売れなくなると一斉に畳んで、マンション開発事業から手を引く――バブルが発生し、膨張し、やがてはじけるサイクルが繰り返される――不動産業界でよく見られる光景である。

では、マンション開発事業のどこが簡単なのだろう。少しだけ解説をしたい。

まず、分譲マンションの開発事業を行うための事業免許。これには「宅地建物取引業」の免許があればいい。都道府県知事もしくは国土交通大臣の認可である。これを取得するのはわりあい簡単。ある一定のお金を保証金として差し入れ、事務所を用意し、資格者を置くことで、誰でも取得することができる。

極端な話、「宅地建物取引士」という資格を取り、マンションの一室を借り、業界団体に200万円ほど預ければ始められる。一人でもできる。法人であっても個人であってもかまわない。もっとも、個人でマンション開発と分譲を行ったケースを聞いたことはないが。

この宅地建物取引業の事業免許は、その辺の不動産屋さんであれば、みんな取得している。アパートやマンションの賃貸が専門の、街の不動産屋さんもお持ちだ。不動産業の事業免許というのは、日本ではこの1種類だけ。これさえあれば、家賃3万円のアパートの仲介から、1000戸以上の大規模マンションの開発まで、すべて行える。

宅地建物取引業の事業免許を取得すると、各事業所において5人に一人の割合で宅地建物取引士の資格を持った者を置かなければならない。これはお医者さんや弁護士さんと同じ、「業務独占資格」と呼ばれるもの。この資格がないと、不動産取引における契約や重要事項を説明できない。

しかし、この資格を取るのはさほど困難ではない。大きな不動産会社へ入社した新卒社員なら、1回の試験で半分くらいは合格しているのではないか。入社3年目や4年目になると、ほぼ全員が取得している。学生や主婦が合格することも珍しくない。

不動産会社でない大手企業にも、「宅建」と呼ばれるこの資格を持った人が何人かは必ずいるはずだ。だから、マンション開発を行うグループ会社を設立することも容易。思い立てば数ヵ月でできてしまう。

次に、マンションの開発分譲事業の実行自体も、さほど難しくはない。この場合、最も重要なのはノウハウよりも資金である。

マンション開発には、まず事業用地が必要。マンション開発に何か難しいことがあるとすれば、用地を仕入れることではなかろうか。ただし、高く買うつもりなら必ず買える。業界には常にどのデベロッパーも買わなかった用地が出回っている。仲介業者（ブローカー）たちが持ち回っているので、待っていれば必ずそういう用地の情報が回ってくる。

あるいは、自分たちで用地を探すのを諦め、他社の事業に乗っかる、という手法もある。これは鉄道系の不動産関連企業がよく用いている事業手法だ。新築マンションの広告を見ると、売主企業が何社も連なっていることがよくある。特に大規模マンションになると、そういうケースが多い。あれはＪＶ〈ジョイントベンチャー（共同企業体）〉と呼ばれている形態。事業割合を決めて、資金を出し合うのである。マンションがすべて売れて、事業が終わると利益を分け合う。

マンション業界には、長谷工コーポレーション（以下、長谷工）という「便利な存在」がある。マンション開発事業の総合プロデューサー兼実務遂行者のような存在だ。まず土地を仕入れ、それをデベロッパーに卸し、ゼネコンである長谷工はその設計と建築施工を受注する。販売や竣工《しゅんこう》後の管理をグループ会社で受注しているケースも多い。マンションの開発事業について何のノウハウもない会社でも、長谷工が持ち込む事業に資金を出して売主に名を連ねれば、それだけで立派に開発事業を行っていることになるのだ。

そうでなくても、資金さえ用意できれば設計や施工を行う会社はいくらでもある。マンション販売が専門の会社も大手から中小零細までたくさんある。竣工後の管理では、大手系列でない独立系の会社が何百社。多くのマンション管理会社が自社の管理戸数を増やしたがっているので、喜んで営業にやってくるはずだ。

つまり、自社では何もできなくても、事業を「管理」するだけのオール外注でマンションの開発事業を行うことができる。マンションの開発分譲とは、一見難しいように思えるが、実はこのように至極簡単に始められてしまうのだ。

粗利率40％のウラ

当たり前のことだが、慈善事業でマンションの開発分譲事業を行っている会社はない。どこも、利益を出すことが目的である。当然、自社で開発したマンションは1円でも高く売ろうとする。

では、マンションの価格はどのようにして決まるのか？

基本的にはコストの積算方式である。


土地代（仲介手数料）＋設計料＋建築費＋販売手数料＋諸費用

これらのコストに加えて、デベロッパーの利益を乗せたものが、新築マンションの価格となる。不動産業界の慣例によると、デベロッパーの事業利益はマンション価格の15％から20％とされているが、最近の傾向としては会社によってマチマチである。40％近い利益を乗せて販売していると目される財閥系の大手デベロッパーもあれば、最初から5％の事業計画で始めてしまうところもある（それぞれの「お家の事情」によって利益率が大きく異なっており、40％もの粗利率で販売している某財閥系企業は、業界の中でもかなり「異色の存在」と目されている）。

そもそも新築マンションというのは、通常は竣工前に販売が始まる。つまり、建物が完成して引き渡す前に、購入者から手付金を預かって売買契約を締結する。建物が完成して内覧や補修などを終えると、晴れて引き渡し。それと同時に多くの購入者は住宅ローンの融資実行を受けて残金をデベロッパーに支払う。

多くのデベロッパーは、受け取った残金で土地代や建築費の支払いのために銀行から受けていた融資を返済する。ここで初めて利益を手にすることができる。仮に、竣工時に全住戸が完売していないと、その開発事業のために銀行から借りたお金は返せない。銀行から借りている限り、金利が発生する。だからこそ、その金利負担から逃れるために多くのデベロッパーは、「竣工時までの完売」を目標としている。

ところが、40%もの粗利を設定している前出の某財閥系企業は、竣工時までの完売にまったくこだわらない。それどころか、竣工時に完売していると、事業担当者が「どうしてそんなに安く売ったのだ」と上司から叱責を受けるという。

要するに、多少金利負担が生じても多くの利益を確保するというのが、同社の事業方針なのである。したがって、そこが売主の新築マンションは、そのほとんどが竣工後数年間にわたって販売が続けられる。また、竣工後も販売が続くことを前提としているので、外観のデザインとエントランスホールはかなり豪華な仕様になっている。

ところが、住戸内の仕様は必ずしも豪華とは思えない。多くの見学客はエントランスで受けた「このマンションはすごい」という印象に引きずられて、目が曇ってしまうのだ。エントランスまわりを特別豪華に作っているのは、見学に来た客の第一印象をよくすることが狙いなのである。

その某財閥系企業が開発分譲するマンションの資産価値が、彼らが40%の粗利を乗せて販売する価格に見合っているかどうかは、人それぞれだろう。確かに、際立った外観デザインと豪華なエントランスホールの印象分だけは高く評価できるかもしれない。しかし繰り返しになるが、冷静に見てみればエントランスまわり以外はいたって普通。特に住戸内は他社分譲のマンションと変わらないレベルの場合が多い。

そういった第一印象の違いも、築年数を重ねるうちにやがて薄らいでいく。築20年ほど経過すれば、普通に作られたマンションと比べて1割も高く評価されることはなくなるだろう。

つまり、その某財閥系企業が分譲するマンションの購入者は、実質以上に割高な物件を買ったことになる。さらに同社は、市場が上向くと見るや販売の途中でも値上げを厭《いと》わないというのだから、恐れ入る。

「儲けなくてもいい」物件

その一方で、利益が5％しか見込めない事業計画を、そのまま進めてしまうデベロッパーも存在する。新築マンションも売れなければ、当然値引きが行われる。利益率が5％の場合、全住戸で5％の値引きをしたら利益がゼロになってしまう。あるいは、事業計画が狂って予定外の負担が生じた場合、5％の利益分は即座に吹っ飛んでしまう可能性が高くなる。かなりのリスクがあるにもかかわらず、なぜ5％の利益構造で事業を始めてしまうのか？　その理由は、「儲けなくてもいい」からである。

企業である限り、利潤を追求するのが使命だ。少なくとも、経済学の基本前提ではそうなっている。しかし、各企業にはそれぞれ「お家の事情」がある。電鉄会社の多くがマンションの開発事業を行うグループ会社を保有していることは、先に述べた。かつて電鉄会社は自社の鉄道が走っている駅や線路の周辺の土地を多く保有しており、それらを開発するために、子会社や関連会社を設立したのだ。

ところが、鉄道を敷設する前後に取得した土地の開発など、もう何十年も前に終わっている場合がほとんど。それでも、不動産事業を手掛けるグループ会社は残っている。

今では、そういう不動産系の企業は、本社の貴重な「出向先」としての役割を果たしているのだ。

「赤字を出して連結決算で足を引っ張らなければいい」

本社としては、不動産系のグループ会社に対してその程度に考えている場合がほとんどだろう。電鉄から天下ってきた社員たちも、魑魅魍魎《ちみもうりょう》が渦巻く不動産業界ではりきったところで、返り討ちにあうのがオチだ。ならば、たとえば長谷工が持ち込んでくる事業に加わって、どんなに利益率が低くても本社に存在意義を感じさせる程度の売り上げを出しておけばいいのだ。

さらに言えば、完成在庫になって販売期間を長引かせると、本社に対して体裁が悪い。多少利益率を抑えた価格でも竣工時にはきれいに完売している方が、本社からうるさいことを言われなくて済む。そういうデベロッパーだからこそ、5％の利益率でも事業をスタートさせてしまうのだ。

マンションの資産価値とは

しかし、これらはすべてデベロッパーの「お家の事情」でしかない。購入した方にとっては、自分の住むマンションが利益率40％で販売された物件でも、5％しか乗っていない開発事業だったにせよ、さして関係ない。それよりも5年後、10年後にいくらで売れるのか？　20年後の資産価値はどう評価されるのか？　ということの方が大切だ。ありていに言えば、「マンションの資産価値」というのは、「中古物件としていくらで売れるか」ということなのである。

40％の利益率で販売されたマンションの場合、新築時の販売価格がその時点での市場価格を1～2割程度上回っていることがほとんど。利益率5％のマンションは、その時の市場価格並みか、やや低めであるケースが多い。

実は「新築時にいくらで販売されていたか」というのは、築年数が浅い場合に限れば、中古として取引される際に「多少」影響する。今はネットで多くの情報が公開されている。中古マンションの新築時販売価格も、その気になって調べればすぐにわかる。中古で購入を検討している方も「これは○年前の新築時に○○○万円だったから」ということを参考にする。はたまた、売却する側も、同じマンションで売り出されている別の住戸について、「あそこは新築時の価格から○○○万円下げて（上げて）いるから」ということを指標に使う。

しかし、そういうことを気にするのはせいぜい築10年くらいまでである。築20年になった中古マンションについて、「このマンションは新築時に○○○○万円だった」ということがたとえ話題になったとしても、それは遠い昔の話。そんなことよりも、駅からの徒歩分数や修繕積立金の残高といった、そのマンションの持っているさまざまなスペックの方がより影響する。

結論を言えば、利益率が40％の割高物件でも5％の市場価格物件でも、新築時の販売価格が資産価値に多少なりとも影響するのは、築10年まで。それ以降は、その物件そのものについて評価される。したがって、やはり割高なマンションを購入してしまうと、その割高分だけはキッチリと余計に払わされたことになるのだ。高いマンションを買ったからといって、マンションの格差競争でアドバンテージを得たことにはならない。

「割高」な物件を避ける方法

とは言っても、これまでの人生で不動産取引をほとんど経験したことがない人が、市場で販売されている新築マンションの販売価格が割高なのか、相場並みなのかを見分けることは難しい。相場観を養うためには、エリアを定めて1年ほどいろいろな物件をチェックするのが一番だ。そうすれば、物件ごとに「高い」「安い」「相場並み」ということが判断できるようになる。しかし「1年も待てない」という人も多いだろう。また、多くの人にとって日々の仕事も忙しいはず。

ひとつの方法としては、もし購入を検討している新築マンションが、周辺エリアで売り出されている築年数の浅い中古物件の価格と比べて、あまりにも高いようであれば、手を出さないことをおすすめする。新築マンションの価格には通常「新築プレミアム」という上乗せ分が含まれている。都心近郊なら2割程度がひとつの目安。それ以上、中古物件価格から乖離《かいり》している場合は、避けた方が無難だ。

逆に、周辺エリアで条件が類似した中古マンションの売り出し価格とあまり変わらない場合は「割安」であるともいえるが、そういう物件を一般の方が見つけ出すことはかなり難しいだろう。

そこで本項では、「割安な物件を見つける」というプロでも難しい高度な技ではなく、「割高な物件を避ける」という初歩的なテクニックを紹介しておこう。

それは、新築マンションの良し悪しを広告で見分ける方法である。

普通の人が新築マンションを探す場合、まずはネットの不動産ポータルサイトにアクセスする。リクルートが運営する「SUUMO（スーモ）」、「ヤフー不動産」や「HOME'S（ホームズ）」といったサイトだ。これらのサイトでは、多少の違いはあるものの、多くの新築マンションの情報が見やすく整理されている。また、さまざまな検索機能を利用することで、自分の条件に合った物件を見つけやすいようにできている。

しかし、私は検討するマンションのオフィシャルページを見ることをおすすめしたい。新築マンションの物件ごとに作られている、オリジナルのホームページだ。理由は、そのマンションの売主が何を考えているのかがわかるから。

当たり前だが、そのマンションについて誰よりもよく知っているのは、売主の事業責任者（プロジェクトマネージャー）である。たいていが課長クラス。入社10年以上20年くらいまでが多い。年齢は30代から40代前半になる。通常、新築マンションの広告でどのような表現を用いるかは広告代理店が提案するのだが、最終的にどの案を採用するのかはその事業責任者が判断する。彼らの思考は、ほとんど同じだ。

「マンションのウリ部分を力強く打ち出し、都合の悪い部分は見せない」

新築マンションの広告宣伝を行うなど、約30年間不動産業界に身を置いてきた私が知る限り、新築マンションの広告は、ほとんどがこのスタイルで制作される。

オフィシャルページにたどり着いたら、まずトップページでどんなことが表現されているかを確認しよう。そこで叫ばれていることが、そのマンションで最もウリになるポイントなのである。わかりやすいのは、ロケーションのアピールだ。

「○○駅徒歩3分」というのが出ていれば、それが一番のウリ。「○○公園ビュー」だとか「桜並木が……」というのもある。東京の世田谷あたりの住宅地だと、地名を前面に押し出しているケースもよく見る。はっきり言って、立地やロケーションをアピールしているマンションは、まだ健全であるといえる。

マンションの価値というのは9割が立地で決まる。詳しくは後述するが、便利な場所にあればあるほど、マンションの価値は高く評価される。「駅から徒歩3分」というのは何ともそっけない印象を与えるが、実際はそこが最も重要な「スペック」なのだ。だから、そういう直截《ちょくせつ》的な表現も悪くない。

中には、トップページでいきなり価格が表示されている場合もある。そういった場合、事業責任者は「このマンションは他と比べて価格で勝負できる（価格で勝負せざるを得ない）」と考えている証左である。これも基本的には悪くない（ただし、実際に割安な場合もあるが、場所がよくないから安くしているだけのケースもある。どちらかというと後者が多い)。

最も注意すべきは、「何を言いたいのかわからない」広告だ。トップページで、そのマンションにほとんど関係なさそうなビジュアルやキャッチコピーが表示されていたら、要注意。「……未来プロジェクト」「……幸福計画」といった具合だ。あるいは「HAPPY……」とか「……DAYS」といった、具体的なイメージを想像できない英語がキャッチになっている場合も気をつけた方がいい。それはすなわち「大声で伝えるべきメリットがない」ことの裏返しである場合がほとんどである。そういった時に多くの担当者は、マンションのスペックや特徴とは関係ないイメージ表現でごまかそうとするものだ。

タレントやキャラクターが出ているのも注意が必要だ。広告業界で言うところの「客寄せパンダ」を使って、消費者の目をくらませたい「何か」が、その物件にはあるのだ。たいていは、場所が悪いか割高かのどちらか。あるいは、その両方であったりする(その昔、「○○涼子」という名の有名タレントを使って「感度リョーコー」というキャッチコピーを打ち出したマンションがあった。これなど、消費者の目をくらませようとする典型的なケースであるといえよう)。

数年前に分譲を開始したある大規模マンションのキャッチコピーに、「天地創造」というのがあった。あまりにも現実離れしているキャッチコピーが使われているマンションの広告は「ポエム」などと揶揄《やゆ》されているが、そんな中でもこの「天地創造」は「傑作」のひとつだろう。

東京の近郊に生まれるそのマンションは、総戸数600戸余り。きっと「暮らしやすい住環境を作っています」ということが言いたかったのだろうが、はたしてマンション購入希望者にどこまでデベロッパー側の「真意」が伝わったかどうか。私は竣工後数ヵ月の時点で見に行ったが、半分も入居しているとは思えなかった(カーテンの有無でおおよその予想はつく)。やはり、場所の割には価格が高すぎる物件だった。

新築マンションのトップページは事業責任者の「心の鏡」である。そこには、図らずも本心が如実に映し出されている。注意して眺めれば、そのマンションの本質の一部を垣間見ることができるのだ。

マンションのブランド格差

私は常々、マンションにはグッチやシャネルのような感覚の「ブランド」は存在しない、と主張している。グッチやシャネルの製品は、ある意味で「約束されている」。すべての製品が均等に、高いレベルのクオリティを保持している。

しかし、マンションでそれはあり得ない。なぜならマンションは一棟一棟、あるいは一戸一戸、すべて手作りである。元請けの建設会社のもとに数多《あまた》の下請け業者が入り、その下で働く職工さんたちが実際に手を動かして施工している。加えて、建築現場での仕事の進め方は、元請けのゼネコンが派遣する工事責任者のやり方によってかなり変わる。

また、マンションの建設には何千という工程がある。そのどれかひとつでもミスを犯すと、全体の資産価値を大きく毀損する場合がある。2015年に発覚した横浜のマンションにおける杭の未達も、その典型的な出来事である。あの事件では、全4棟のうち1棟で傾きが生じていた。

マンションの施工精度というものは、一棟一棟違っている。たとえ同じ会社の同じ責任者が管理していても、棟ごとに、あるいは住戸ごとに微妙な品質の差が生じる。グッチャやシャネルの製品には、ほぼそれがないことが前提だ（実際に一般人なら同じ製品の品質の差を感知できないレベルまで均質だ）。

しかし、マンションの場合はそういったことがあり得ない。現場の職工さんの仕事のやり方や技術にも差がある。腕のいい職工さんが張った外壁タイルは何十年も剝落しないが、中途半端な技術しかない職工さんだと十数年で剝がれだしたりする。

同じブランドのマンションの外壁でも、タイルを張った職工さんの技術力次第で十数年ごとに外壁の修繕工事が必要な場合と、50年以上必要がないケースに分かれる。こういったことを前提に、私はかねがね、「マンションのブランドは幻想である」と主張しているのだ。

しかし、現実には各社とも自社ブランドのクオリティの高さを主張しあっている。代表的なものとしては、野村不動産なら「プラウド」、三菱地所レジデンスは「ザ・パークハウス」、東京建物は「ブリリア」、住友不動産は「シティハウス」など。特に、野村不動産の「プラウド」はブランド戦略に成功している。「プラウド」であれば「ちょっと高くても仕方がないか」という空気さえ感じる。

はたして、こうしたブランドに何の意味があるのだろうか？

実のところ、世の中にはブランドでマンションを選ぶ人は多い。

だが、「ブランド」を妄信してもいいのだろうか。ここ数年、先に挙げた横浜の杭未達事件などを含めて、三井、三菱、住友といった財閥系デベロッパーの分譲マンションで、欠陥建築の露見が相次いでいる。実のところ、世間に公表されたもの以外にも、膨大な欠陥建築マンションが存在する、と私は推測している。

多くの場合、管理組合と売主であったデベロッパーとの話し合いになる。そして、間に入った売主デベロッパーの子会社である管理会社が、「あまり騒ぐとこのマンションの資産価値に影響しますよ」という殺し文句を使い、管理組合側に不利な条件で和解させている。実際、私のところにも、さまざまな相談が寄せられている。名前を出してしまうと、まさしく「資産価値に影響する」ので書けないが、そういう意味ではマンションのブランドなどというものは、幻想に過ぎない。

また、その幻想にしろ、賞味期限は10年ほどだ。築15年のマンションの購入に際して、多くの人は「この物件は○○の△△だから」ということを参考にはしても、重要な判断材料とはしないはずだ。むしろ、築10年以上の中古マンションは、何よりもハードとソフトの現況で判断すべきだ。すなわちモノと管理の状態。ブランドはあくまでも参考程度。格差の基準とはなりにくいことを肝に銘じるべきだろう。

物件の持つ「本質」に注目せよ

マンションに格付け機関はない。あるとすれば、それは市場である。ただ、市場とは多くのプレイヤーの最大公約数のようなものである。多くのプレイヤーは、不安でいっぱいの一般の人々だ。世の中の流行り廃りに敏感で、それに流されやすい。また、市場もブレる。上がり基調の時には、実力以上に価格がハネ上がってバブル化する。逆に下がり始めると、どこまでも下がると思って人々は購入をためらう。すると、実力以下まで下がってしまう。

しかし、不動産の市場というものは中長期で見ると、ほぼモノとマネーの需給に合わせた動きをしている（図表2）。マクロ的に俯瞰《ふかん》すれば、住宅が不足していた高度経済成長期は「狂乱地価」などと呼ばれて土地の値段が倍々ゲームで上がった。安定成長期に入ると、不動産ではなくマネーの供給過多によってバブルが発生した。その後、マネーの供給が引き締められるとともに、マンションの過剰な供給が続いて価格は低迷。そして2005年頃に海外からの過剰なファンドマネーの流入がきっかけとなり、不動産ミ

図表2　日経平均とマンション価格（都区部）の推移

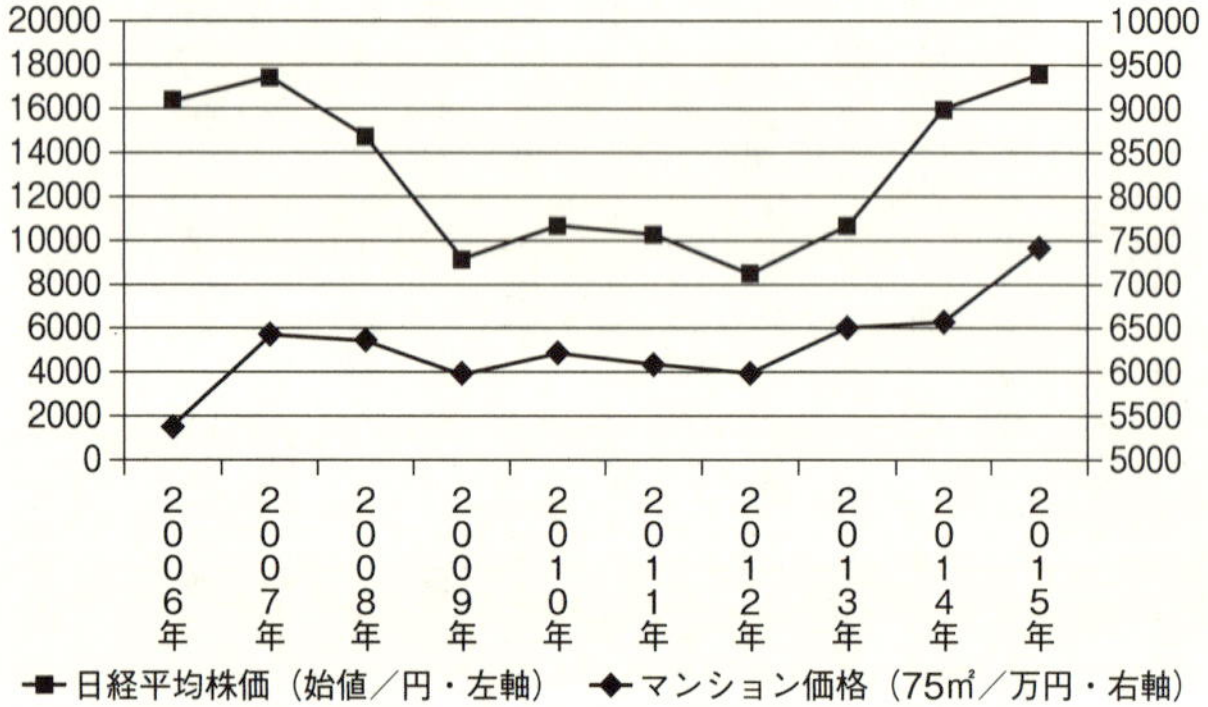

出所：不動産経済研究所《全国マンション市場動向》2015年のまとめ

ニバブルを発生させた。

ところが２００８年のリーマンショックでそれがはじけると、再び下落期に突入する。その動きを止めたのが、黒田東彦《はるひこ》日銀総裁による２０１３年からの異次元金融緩和。今またマネーの供給過剰によって、不動産市場の一部はバブル化している。

このように不動産の価格、あるいはマンションの資産価値というものは、モノの需給関係だけではなく、その対価であるマネーの需給にも大きく影響される。

しかし、マネーの供給過剰が終わった時には、現物の需要と供給の関係に立ち戻る。そこで市場に支持されるマンションの資産価値は高まり、市場から見放されたマンションとの格差が生じる。

資産価値的に高い評価を得るマンションを見極めるには、マネーの供給過剰によってバブル的にゆがめられた格付けに左右されることなく、物件の持つ本質に注目すべきなのだ。市場は多少長い時間をかけて、そこを最終的に正しく判断する。すなわち、本質的にすぐれたマンションと、そうでないマンションにはっきりと市場価格の格差をつける。

では、マンションの本質を見極めるためにどこをどう見ればいいのか。次章から順番に語っていきたい。

第2章

管理組合の財政が格差を拡大させる

――大規模修繕工事「割高」「手抜き」の実態

そもそも「マンション」とは?

先に、「マンションのブランドは幻想である」と指摘した。ここでは、やや逆説的なことを申し上げたい。それは、「マンションとは本来、均質性の高い住居形態である」ということだ。「矛盾しているではないか」と思われるかもしれないが、まず先をお読みいただきたい。ここで、遅ればせながらこの本における「マンション」を定義しておきたい。

①鉄筋コンクリート造の集合住宅

やや専門的になるが、マンションの建築工法には「鉄筋コンクリート造」のほかに、「鉄骨鉄筋コンクリート造」や「鉄骨造」などもあるが、ここではそういうものも含めていただいて結構だ。ただし、基本的に本書では分譲タイプのマンションについて語っている。賃貸も話題の中に出てくるが、特に指定しない限り分譲タイプについてである。

そもそも、マンションを作る目的は何なのか? それは、限られた土地により多くの人が住める住宅を作るためである、と私は考えている。

日本のマンションの原型は、１９２３年の関東大震災の義《ぎ》捐《えん》金で東京と横浜に作られた同潤会アパートにあった。ただ、同潤会アパートは賃貸だったが、第二次世界大戦後、入居者に払い下げられて区分所有形態となった。つまり、今の分譲マンションと同じ権利形態だ。

敗戦によって、日本の都市はどこも焼け野原になった。住宅が何百万戸も不足すると、政府は１９５５年、今のＵＲの原型である日本住宅公団を作って、公的な住宅の供給に乗り出した。そこで考案されたのが、鉄筋コンクリート造の集合住宅なのである。

民間のマンション分譲第一号は、日本信販が分譲した「四谷コーポラス」（１９５６年竣工）。１９６２年に区分所有法が制定されると、今の区分所有形態がほぼ固まり、公団・公社と民間が競うように分譲マンションを開発・分譲した。

当初は、土地に限りがある都心エリアが中心だった。ところが、増え続ける住宅需要を吸収するため、分譲マンションの供給エリアは次第に郊外へと広がっていった。大阪の千里ニュータウンにおける最初の入居は１９６２年で、１９７０年代には多摩ニュータウンへの入居が本格化。マンションは、いつしか大都市へのニューカマー（新参者）

図表3　空き家率と総住戸数の推移

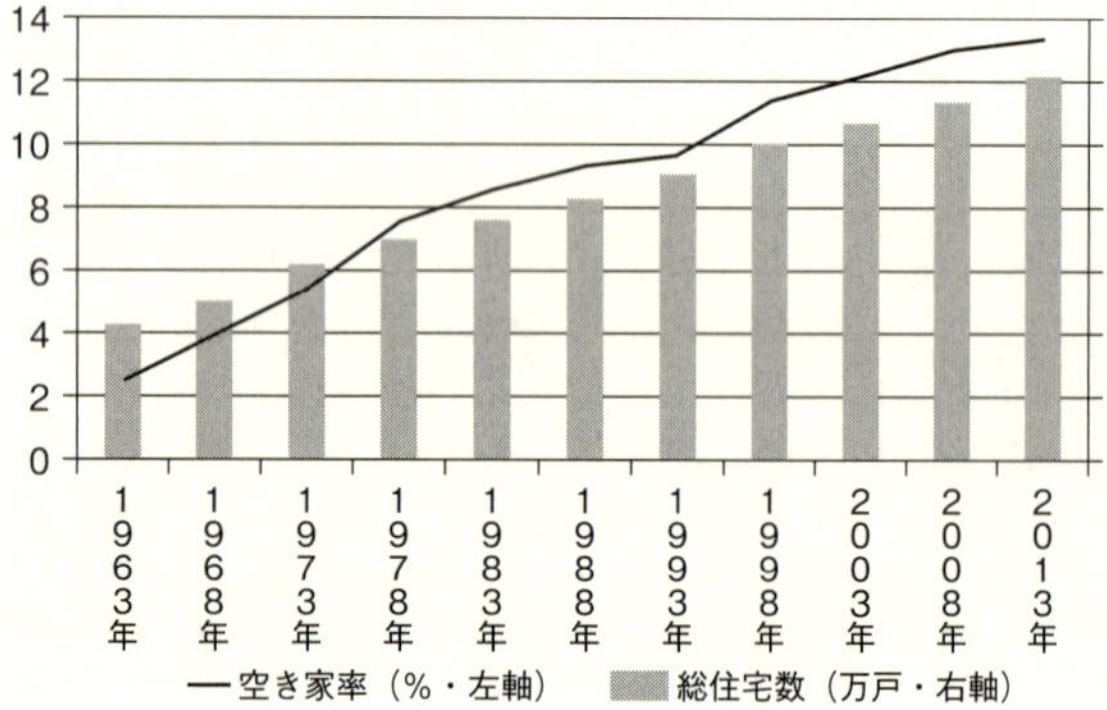

出所：総務省統計局「平成25年　住宅・土地統計調査」

にとって「何とか買える」主要な住居形態となった。

日本の住宅の量的な不足状態は、1970年頃にはほぼ完全に解消されていたと思われる。1973年の調査における空き家率は、5・5％に達しているからだ（図表3）。

そのあたりで、日本の住宅は「量」から「質」への舵《かじ》を切った方がよかったのかもしれない。なぜなら、そうすればその後のマンションの大量供給による空き家問題は、今よりもずっとマシな状態になった可能性がある。また多摩ニュータウンの廃墟化の危機も、今よりも対処しやすい状況になっていると思われる。

しかし、実際にそうはならなかった。公団・公社も、民間も、分譲マンションを大量に市場へ投入した。そして、それが1980年代まではよく売れた。そういった市場への大量供給を可能にしたのは、公団が祖型を作り、長谷工が仕上げた「コンバース」という間取りにあった。いわゆる現在の「3LDK 田の字プラン」の原型である。

②長谷工は「マンションのユニクロ」

テレビをあまり観ない人でも、一度くらいは見かけたことがあるのではないだろうか。何かというと、長谷工のテレビコマーシャル。

「マンションのことならわかるんだ」

私自身、これまでデベロッパーの企業広告をたくさん手掛けてきた。私の場合はグラフィックが主だったが、作り方の基本はテレビCFと同じだ。コンセプトを決めて、表現方法を考える。あのコマーシャルを見た時には、正直驚いた。

たとえば、野村不動産のマンションブランド「プラウド」がテレビコマーシャルで見せるのは、ひたすらきれいな環境の映像だ。ほかの大手企業のマンションブランドも似たり寄ったり。ところが、2015年にさかんに流れていた長谷工のテレビコマーシャルでは、大勢の社員たちが出てきて踊りながら合唱する。

「マンションのことならわかるんだ。作っているからわかるんだ」

まあ、訴えたいことはよく伝わっている。しかし、企業イメージが向上したかというと、私としては大いに疑問。私のまわりのマンション業界関係者たちとこの話題になると、笑い話のネタでしかない。

あのコマーシャルで長谷工が言いたかったことは、よくわかる。確かに、日本の分譲マンションを最もたくさん作ってきたゼネコンは長谷工だし、現に今も一番多く作っているのも長谷工だ。同社の2016年3月期の決算説明資料を見ると、主な受注物件として、シティテラス小金井公園(住友不動産・922戸)、ザ・ガーデンズ東京王子(三井不動産レジデンシャルほか・864戸)、プラウドシティ大田六郷(野村不動産・632戸)、ブランズシティ天神橋筋六丁目(東急不動産ほか・420戸)と、大規模なマンションがずらりと並んでいた。日本のマンションについて何かを語る場合、長谷工を外すことはできない。

私は日常的に一般の方々からマンション購入のご相談をお受けしている。

「長谷工のマンションはどうなのですか?」

今まで、何回もいただいた質問だ。私はいつも答えている。

「長谷工のマンションは、ユニクロの服みたいなものです」

ユニクロと言えば、使い勝手はまずまず、安価に大量生産、ただしデザインは……というのが世間の評価だろう。それをマンションに置き換えれば、容積率消化とコスト低減を最優先、デザインは後付け、となる。確かに、デベロッパーにとって長谷工の低コストは大きな魅力だ。そして、何よりも日本で最も多くのマンションを作ってきた実績があるので、品質が安定している。引き渡し後のクレーム対応にもノウハウが蓄積されている。さらに便利なことに、長谷工はワンストップでマンション開発・分譲事業をプロデュースしてくれるのである。

前章で、「マンションのブランドは幻想に過ぎない」と主張した。しかし、長谷工的にマンションを生産すれば、グッチやシャネルのような均質的に高水準な製品とは言えないものの、ユニクロ的な品質への期待を抱くことは可能だ。グッチやシャネルの製品なら、購入してから20年の時を経てもそれなりの輝きを失っていないはずだ。これに対してユニクロ製品のデザイン面においては、20年の耐用性はないだろう、と私は捉えている。

長谷工がプロデュースするマンションも同じ。建築効率一辺倒に作られたマンションは、成熟するというより、単純に老朽化する。しかし、長谷工が建設したマンションは、場所が変われど、時代が変われど、かなり均質性は高い。同じように見える。時代時代の流行り廃りはあるものの、単純な羊羹《ようかん》切りの住棟が多く、中身は「田の字」の3LDKである。私が知っている限り、もう30年、ほとんど変化していない。

つまり、日本を代表するマンション建設会社の生産物は、どれも同じようなデザインであり、同じような間取りであり、同じような品質なのだ。

③鉄筋コンクリートの躯体工事＋αの工事費

繰り返すが、日本で最も多くのマンションを建設してきた会社は長谷工だ。今も日本で一番多くのマンションを建設している会社も長谷工である。

かと言って、日本のマンション建設に占める長谷工のシェアは3割前後。過半数に達するほどでもない。長谷工以外の7割がたの分譲マンションを建設しているのは、その他多くの建設会社なのである。さらに言えば、実際に施工現場を担当しているのは数多の下請け零細業者だ。

マンションの基本構造は、鉄筋コンクリートである。わかりやすく言えば、鉄筋コンクリートで作った箱の外側にはタイルなどの外装材を張り付ける。内側には断熱材やビニールシート、フローリングなどの内装材を張り付けたものがマンション。あとは、ユニットバスやキッチン、トイレ、洗面化粧台など設備を据え付け、部屋ごとの間仕切り壁や建具を取り付け、玄関にはドア枠とドアを取り付ける。バルコニー側にはサッシをはめ込む。

こういった作り方は、どの建設会社がやっても同じ。そして、ほとんどは職工さんたちの手作業である。したがって、かかるコストも建設会社によってさほど差が出ないはずだ。しかし、実際のところ、不動産業界では、長谷工が日本で最も低コストでマンションを建設できる建設会社だと目されている。同じ建材を大量発注してコストを抑制し、長谷工型の工事進行に手慣れた下請け業者を抱え、標準型の住まいを大量に建設する独自のノウハウを備えているからだと思われる。

ただ、それでも長谷工とその他のゼネコンが建設した場合のコストの差は2割もない、と私は推定する。というのは、建築費全体に占める建材費が占める割合はさほど高くない。最も高いのはやはり人件費だ。東日本大震災以来、職工さんたちの不足は何年も続いていて、人件費は高止まり。長谷工の下請け企業だけが、人件費を安く抑えておけるような世の中でもない。つまり、標準的なマンションを建設する場合、建築コストというものはどこが施工してもさほど変わらない、というのが私の考えである。

では、建築面においてマンションの格差はどこに生ずるのか？　それは、外観や共用部のデザインであったり、設備や仕様のグレードである。長谷工はその点、徹底的に均質化している。特に、住戸内の設備や仕様において、長谷工が主導したマンションはどれも同じに見えるほどだ。

実は、そういった均質化を極めたのが、野村不動産のセカンドブランド「オハナ」である。「オハナ」シリーズは、どの物件を見ても住戸内はほとんど同じ。外壁のタイルも見た目には同じように見える。おそらく同じタイルを使った「オハナ」はこれまでに何物件もあったのではないか。

これに対して同じ野村不動産の「プラウド」は、基準の品質はあるようだが、物件によっては思い切った高級品を標準仕様にしている場合もある。特に、都心の富裕層をターゲットにした億ション級の高額物件においては、時に目を見張る仕様がある。これは、基本の建築費以外のところでいかにお金をかけるかということ。設備と仕様面におけるマンションの格差と言っていい。

しかし、ここでひとつ申し上げておきたい。実のところ、外壁タイルに高級品を採用し、エントランスホールを豪華に飾り立て、住戸内に高価な設備を据え付け、壁・床・天井に自然素材を張り付けたとして、いったいどれくらいのコスト増になるのか。

住戸数にもよるが、一戸の住戸を標準仕様から1000万円も建築コストを高くすると、相当のことができる。玄関にイタリア製の大理石を使い、床は無垢《むく》材のフローリング、ドイツ製のシステムキッチンや最高級仕様のユニットバスを据え付けることも可能だ。

現在、マンションの建築コストの目安は、80㎡くらいの3LDKで戸当たり2000万円と言われている。これを超豪華仕様にしてもせいぜい3000万円。これが高いのか安いのかの議論は措くとして、一般的なマンションの建築コストというのは、所詮その程度なのである。

ところが、都心の分譲マンションの価格は80㎡の3LDKが1億円を超える場合も多々見られる。場合によっては2億円だったりもする。特に億を超える価格のマンションを作る場合、売主側は外装や内装はもちろん、住戸内の設備にも思い切ってコストをかける。しかし、標準仕様と比べて1000万円以上も予算を積み増しているケースがどれほどあるだろうか。

多くの人は、目に見えるモノを信用する。「設計デザインや設備・仕様にはおカネをかけ、隅々まで徹底して高級品を採用しています」と言われれば、相場観よりも3000万円くらい高い1億円超のマンションを見ても、納得して買ってしまうだろう。だが、実際のところは2000万円分を余計に払わされている場合も多いのだ。まあ、それがマンション業界のビジネススタイルでもあるのだが。


本項の話を整理すると、マンションは基本的に鉄筋コンクリートの箱であり、建築コストの多くがその基本構造を作るために費やされる。外装や内装、設備・仕様を豪華にした場合には、見た目の格差が生まれるが、実質的な差はさほど大きくない。

その差は、新築時でも最大1000万円ほど。これは年月を経るとともに徐々に縮まっていく。超豪華仕様でも標準仕様でも20年後に売却する場合は、どちらもフルリフォームが必要だ。

よく、新築マンションを選ぶ際に、設備・仕様面での比較対照表を自分で作成して、細かくチェックしている人を見かける。一方、モデルルームに行くと、販売担当者が競合物件との比較対照表を見せながら、いかに自社物件の方が設備面ですぐれているかをアピールしてくる。細部にこだわるのも悪くないが、マンションを選ぶ場合はもっと根本的な「資産価値の本質」を見極めるべきだろう。

④販売価格が1億円でも3000万円でも「修繕費用」は同じ

マンションは集合住宅である。分譲マンションの場合、一戸一戸の所有者が異なり、各住戸の所有者のことを「区分所有者」と呼ぶ。

分譲マンションの場合、区分所有者全員で管理組合が組成される。これは、区分所有法という法律で定められていることで、理論的にはすべての分譲マンションには管理組合が存在する。そして、鉄筋コンクリート造のマンションといえども、建物のメンテナンスは必要だ。特に、十数年に一度の割合で大規模修繕工事を行うことが普通になっている。これは法律で定められた義務ではない。ただ、国土交通省の出した指針にはそうある。

私はすべてのマンションに大規模修繕工事が必要だとは思わない。なぜなら、いくら均質化が進んで一見同じように見えるマンションであっても、関わった職人が異なればマンションによって施工の精度は異なるはずだ（同じマンションであっても、住戸が違えば異なるだろう）。そもそも、すべてのマンションの外壁に張られたタイルが、新築から十数年で一斉に剝落し始めるはずがない（むしろ、たった十数年で外壁タイルが剝落するのなら、それは立派な手抜き工事だと思っている）。

確かに、給排水管などは一定期間が過ぎると老朽化する。ただし、これも使用頻度によるだろう。よく使われる家族向けマンションもあれば、そうでない単身者向けマンションもある。すべてのマンションが13年で一様に給排水管を取り換えなければならない、などということはないはずだ。とは言え、この国の大半の分譲マンションは国土交通省の指針に従って（実際は施工受注を企む管理会社のすすめに従って）大規模修繕工事を行っているのが現実だ。

ところが、大規模修繕工事にもマンションによる格差が生じていることを、あなたはご存じだろうか。具体例で考えてみよう。

2つのマンションがあったとする。Aマンションは都心の好立地にある14階建て70戸。新築時の販売価格は平均で1億円。Bマンションは郊外の駅から徒歩14分の、同じく14階建て70戸。新築時の販売価格は平均で3000万円。ともに築15年を迎えて、大規模修繕工事を行うとする。

Aの管理組合に積み立てられた修繕積立金の総額は2億円弱。管理会社が出した大規模修繕工事の見積額は1億7000万円。これに対して、Bの管理組合には1億3000万円の積立金しか積み上がっていなかった。管理会社が示した工事金額の見積額は1億2000万円。

AとBは、新築時には売主が同じ。したがってその売主の子会社である同じ管理会社が、新築時以来ずっと管理業務を受託していた。そこで、両方の見積書とそれに付帯された工事仕様書を取り寄せて工事内容を精査したところ、なぜかその内容に大きな差が見られなかった——以上は私が描いたフィクションである。

しかし、実際には十分起こり得ることであり、おそらく潜在的にまさに今、現在進行形で発生しているケースだろう。なぜなら、一般的に管理費や修繕積立金は、マンションの新築時販売価格に比例して設定されている。高額マンションの購入者は所得が高いので、多少管理費や修繕積立金が高くても文句を言わずに払う。これに対して、一般所得者向けのマンションで管理費や修繕積立金を高く設定すると、住宅ローンの返済も合わせた月額の負担が高くなるので、売れ行きが鈍化する。売主側はできるだけ管理費関係を低く抑えようとする。

その結果、右記のAとBのように、修繕積立金の残高の差になって表れる。

しかし、ここでちょっと考えていただきたい。

そもそも、大規模修繕工事にかかる費用は、マンションの規模や工事精度が同じならAもBも変わらないはずである。また、外壁塗装や屋上・廊下・バルコニーの防水工事など、工事仕様書の項目はほぼ同じことが多い。確かに、Aの方が多少は資材費が高いはずだが、大規模修繕工事における資材費といっても、せいぜいが剝落したタイルや共用部（廊下・階段）の床材などなので、その割合は低い。おそらく数百万円も差が出ることはないはずだ。

では、なぜ5000万円もの差が出るのか。

まず、Aでは各項目の単価を上げることで管理会社が多くの利益を取っている。次に、Bでは修繕工事の施工を、管理組合にバレない程度に手抜きする。

残念ながら、これがマンション管理業界の実態である。

さて、私が描いたフィクションは、築15年での大規模修繕工事を想定していた。しかし、マンションのメンテナンスは大規模修繕工事を1回すればよい、というものではない。築20年を過ぎると、毎年のように小さな修繕工事を繰り返し行うようになる。そこで使われるのは、管理組合に積み立てられている修繕積立金。AとBが同じ工事精度であれば、同じように補修の必要が生じる。そこにかかる費用は、理論的にはほぼ同額のはずだ。

しかし、そもそも区分所有者から徴収する修繕積立金の額に差がある。場合によっては、Bでは将来、必要な補修工事の費用を捻出できなくなるかもしれない。あるいは、2回目の大規模修繕工事を実施するためには、区分所有者全員から一時金を徴収する必要が生じる可能性もある。

こうした事態を一言で表現するなら、「管理組合の財政格差」であろう。実は、管理組合の運営いかんによってマンションの資産価値自体に大きな格差が生じる。そして、それは年月が過ぎるとともに拡大する。管理がマンション格差にどう影響するかについては、第6章でさらに詳しく説明したい。

第3章

価格が落ちない中古マンションとは
——市場はいかにして「格付け」するのか

築30年なのに新築時価格よりも高い物件

第1章でも述べたように、マンションの資産価値を最終的に決めるのは市場である。その市場では、時々妙なことが起こる。たとえば、同じエリアで売り出されている新築マンションよりも、中古の物件の方が価格は高くなっている、というようなケースである。ただし、これは全国どこでも見られるような現象ではない。私が知る限り、東京の一部でしか起こったことがない。

ひとつ具体的にマンション名を挙げれば「広尾ガーデンヒルズ」というマンション。住友不動産・三井不動産・三菱地所・第一生命による共同開発で、1984年から86年にかけて竣工。全15棟合計1181戸と大規模で、最寄り駅は東京メトロ日比谷線の広尾駅。敷地の一番近いところから徒歩5分。遠いところは10分以上かかりそうだ。

このマンション、これだけのスケールだから常に何戸かが中古市場で売り出されている。私がここ数年ウォッチしている中では、ほぼ新築時の分譲価格を下回っていない。むしろ、上回っている時期の方が多かった。しかも、広尾駅から徒歩10分圏内で売り出される新築マンションより高いケースさえあった。

なぜそのような現象が起きるのか？　それは、市場がこの「広尾ガーデンヒルズ」というマンションを強力に支持しているからである。つまり、広尾駅から徒歩9分のざわざわした環境の新築マンションより数百万円高くても、竣工してから約30年の「広尾ガーデンヒルズ」を選ぶ人々がかなり多くいる、ということなのである。

そのことによって、この逆転現象は見事に成立している。詳しくは後述するが、こうした物件は一般的に「ヴィンテージマンション」と呼ばれている。

市場というのは、時に流されやすくて妙に上振れ、下振れすることはすでに述べた通り。しかし、最終的には合理的な判断を下す。だから、決して侮ってはいけない。

もし、まだ「広尾ガーデンヒルズ」を見たことがないとしたら、ぜひ現地を訪れてみるといいと思う。ご覧になれば、多くの人があのマンションに高い価値を見出している理由がわかるはずだ。しかし、理解できない場合もあるかもしれない。これは多分に価値観の問題だ。その場合は「市場にはこういうマンションに高いお金を払う人が一定数いる」という事実を受け止めてほしい。市場にはさまざまな価値観を持った人がいる。ごく少数なら市場を動かせないが、ある一定数に達すると、そこに市場価格が形成される。
　そして、その市場価格の差がマンションの格差の重要な指針になる。

市場に溢れる欠陥マンション

　２０１５年10月、「パークシティＬａＬａ横浜」という全７０５戸の大規模マンションで、建物の杭が支持基盤に達していないという事実が発覚した。杭工事を行った孫請け会社の現場責任者が、施工データを偽造していたのである。その前年には、「パークスクエア三ツ沢公園」という全２６２戸のマンションでも杭の深度不足がわかり、大きく報道された。このマンションでは、建物が傾斜していることに気づいた購入者が、10年にわたって売主と交渉を重ねてきたにもかかわらず、のらりくらりと言い訳されて埒《らち》が明かなかった。それが、ある組合員によって現場付近の地質図があることがわかり、これと設計図書の杭の長さを照らし合わせたことで、未達の事実が明らかになった。最後は売主も言い逃れができなくなって建て替えを承諾。前者は三井不動産と明豊エンタープライズ、後者は住友不動産の分譲である。この2つのマンションとも、紆余曲折はあるものの杭が支持基盤に達している住棟も含めて、全棟が建て替えられる方向にあるという。

かつて、一級建築士が構造計算を意図的に甘くした「姉歯・耐震偽装事件」が起こった。これらのマンションは、売主企業が倒産したことによって責任を取らせることができなくなったので、ほとんどが購入者の個人負担で建て替えられた。まさに悲劇である。その後、国交省の基準に達しないコンクリートが使用されていた「六会《むつあい》コンクリート事件」というのもあった（こちらは、うやむやに済まされている）。

免震構造を支える免震ゴムの性能が、これも国交省基準に達していないのに東洋ゴム工業が性能書を偽造して出荷した「免震ゴム性能偽装事件」が起こったのは、2015年3月。これは東洋ゴムが責任をもって「取り換える」と報道されていたが、その後どうなっているのかよくわからない。

他にも、建物の竣工直前になって、躯体構造部分も含めた壁等に配管・配線用の穴を開ける「コア抜き」で600ヵ所以上もの不備が発覚した「ザ・パークハウスグラン南青山高樹町」事件。このマンションでは売主・三菱地所レジデンスから「手付金3倍返し」という前代未聞の契約解除が行われたという。

さらには、建設途中にあわてて工事を中止して、購入契約者には手付金倍返しの解約を行った「パークタワー新川崎」事件というのもあった。7階まで工事を進めたところで、床が傾いていることに気づき、調べてみると4階の柱と床の接合部に充填剤を注入していないことが発覚。このマンションは、約2年間の販売休止の後に再デビューした（多少価格が高くなったものの人気化している）。

もっと遡ると、バブル期に無理な工期で建設を進めた結果、手抜き工事によって建物がボロボロの状態であることが判明した「ベルコリーヌ南大沢」事件がある。こちらも紆余曲折のあとで919戸の建て替えに至ったが、日本の建築史上最悪の欠陥住宅事件ではなかろうか。

この他、小さな事件まで入れればマンションの欠陥建築事件は枚挙に暇《いとま》がない。そして、こういった表沙汰になる事件は氷山の一角に過ぎない。杭の未達や充填剤の未注入など、わかりやすい欠陥であれば、売主が責任を取らざるを得ない。

しかし、多くの場合、売主側のミスを区分所有者側が立証するのは難しい。たとえば、住宅・都市整備公団（現UR）が分譲した「ベルコリーヌ南大沢」の場合、交渉の過程でなぜか設計図書が紛失するという奇怪な事件まで起きている。また、建て替えが決まった「パークシティLaLa横浜」や「パークスクエア三ツ沢公園」の杭未達事件では、区分所有者側が動かぬ証拠を突きつけるまで、「東日本大震災の影響」「正常の範囲内」などと逃げ口上を並べ立てていたという。

そういった欠陥工事のマンションを購入してしまうと、人生設計が狂ってしまいかねない。先に紹介した姉歯一級建築士が構造計算を偽造した「ヒューザー」のマンションは、多くの区分所有者たちが二重のローンを背負って建て替えている。史上最悪の欠陥工事マンションだった「ベルコリーヌ南大沢」では、多くの住人が健康を害し、建て替えを見ずに亡くなったという。まさに悲劇だ。そして、まだ記憶に新しい「パークシティLaLa横浜」や「パークスクエア三ツ沢公園」の区分所有者は、最低2回の引っ越しと数年の仮住まいを強いられるだけでなく、管理組合による「建て替え決議」の実現までさまざまな準備やいさかいを乗り越えなければならない。

欠陥マンションを買わないために

市場は欠陥工事が発覚したマンションに対して非情であり冷酷だ。杭の未達が露見した「パークシティLaLa横浜」や「パークスクエア三ツ沢公園」のように、たとえ売主が買い戻してくれるのがわかっていても、一般の人々はそういう物件に対して安易に食指を伸ばさないはずだ。施工の途中で鉄筋不足が発覚した「I－linkタウンいちかわ ザ タワーズ」というマンションは、一度は完売していたのにキャンセルが続出。その後、竣工から数年かけて完売にこぎつけている。

日本人は、新築住宅に対して「完全」を求める。ひとつのミスも許さない、という厳しい消費者なのである。多くの人にとって、新築マンションの購入とは「生涯年収の○割」という高額な代金を、ほぼ残された人生の全期間にわたって支払い続ける「一生に一度」の買い物なのだ。だからこそ、少しでも欠陥があったマンションは避けたい、と考えるのは当然だろう。

4階部分まで解体して、再び作り直した「パークタワー新川崎」についても、私のところに「買っても大丈夫でしょうか？」という相談が寄せられる。もちろん理論的には何の問題もない。しかし「ケチがついた」物件になってしまったのは間違いない。

残念ながら、新築マンションを購入する場合、その建物が施工不良かどうかを知るすべはない。多くの場合、住み始めて数ヵ月から数年以内にさまざまな不具合が発覚する。たいていの場合、売主側は施工したゼネコンに対応を押し付ける。

コラム① なぜ日本人は「新築好き」なのか？

「新築にこだわる」のは、日本人にとってはごく当たり前のことなのだが、他の先進国ではかなり事情が違う。国土交通省の推計値によると、日本の住宅が平均30年で滅失して建て替えられるのに対し、アメリカは55年、イギリスは77年だ。人口に対する新築住宅建設の割合は、日本がアメリカの約1.5倍、イギリスの約2.5倍になる。

日本人は米英に比べて著しく「新築好き」なのだ。そして、「中古嫌い」とも言える。私はこの現象を「新築信仰」と呼ぶ。まるで宗教みたいだからだ。

根拠もある。「神道の清浄観」だ。神社の境内に一歩足を踏み入れた時、静かで清らかな空気を感じることが多い。仏教のお寺に比べると神社の建物が比較的新しいはずだ。神道には新しいものが「清らか」という観念がある。伊勢神宮が本殿を20年ごとに建て替える（遷宮）のはこれによる。

もうひとつは、大火事・大地震の「記憶」ではないか。高温多湿なこの国では木造の家が主流だった。しかし、明治以前の江戸の町は「明暦の大火」（1657年）、「明和の大火」（1772年）等、何度も大火事が発生し、そのたびに多くの木造住宅を焼失した。また、大地震や津波は木造家屋を簡単に倒壊・流失させた。だから耐用年数を20〜30年と想定した家を建てる傾向が生まれた。となると「一生に1回」以上は自分で建てることが必要となる。それで「家を建ててこそ一人前」という社会通念につながる。「新築より安い中古は一人前以下」という感覚も生まれた。

しかし、時代は変わった。建築技術が発達し、木造でも鉄筋でも耐震性や耐火性、そして耐久力のある住宅が普及した現在では、そういった「新築好き」は旧世代の価値観と考えてよい。

ふだん、購入者の味方であるはずの管理会社は、売主のグループ会社であることが多いので、管理組合の味方をするようなふりをしながら、売主に危害が及ばないよう巧妙なバランスで立ち回る。

結局、購入者たちは自力で施工不良の証拠を見つけ出さなければならない。何とも理不尽だが、今の法制度ではそうする以外ない。

こういった施工不良についての信じられる統計数字はない。私の感覚で恐縮だが、100物件にひとつくらいは、かなり深刻な施工不良があるのではないか。ちょっとした補修工事が必要な施工不良なら、100物件に30から40物件程度はあるだろう。

管理組合の理事たちは、施工不良が見つかっても決してテレビや週刊誌に知らせたりはしない。施工不良が報道されたら、マンションの資産価値を自ら下げてしまうことになるからだ。そうなると購入者たちは直接、売主側と交渉して解決するしかない。私が知る限り、管理組合側によほどの人材がいなければ、たいていの場合は泣き寝入り。欠陥の補修は管理組合の費用で行うことになる。

そもそも、最近はいくら隠しても施工不良がマンションの外の世界に漏れ伝わるケースも多い。特に、そのマンションを中古購入しようとする人にはわかってしまう可能性が高い。管理組合の総会議事録は、利害関係者（そのマンションの購入検討者も含まれる）の請求があった場合、閲覧させなければならないからだ。

これは、区分所有法の42条と33条、そして国土交通省が定める標準管理規約（単棟型）の49条に定められている。標準管理規約は法律ではないが、ほとんどのマンションの管理規約はこれを雛型《ひながた》に作られている。

マンションに施工不良があった場合、必ず管理組合と売主のハードな交渉になる。そのことは区分所有者に対して総会の議案として説明され、議論される。だから、管理組合の総会議事録を読めば、そのマンションで以前、重大な施工不良が発覚していたかどうかを確認できる。この「総会議事録の閲覧」は、仲介業者に依頼すれば手配してくれる。中には、そのことで手数料を取る業者もいるが、数千円の費用を惜しむべきではない。私は、自分への相談者には必ず議事録の閲覧をすすめている。これは中古マンションの購入に失敗しない鉄則のようなものだ。

市場のブームに惑わされない

市場と言っても、それを形成しているのは人間だ。さらに言えば、マンション市場というのはあまり広くない。たとえば、首都圏で販売される分譲マンションは、ここ数年は4万戸前後。

全国規模で見ると、2015年の新築マンション発売は約7万8000戸（不動産経済研究所）。2015年の中古マンション成約数は首都圏と近畿圏を合わせて約5万2000件（全国宅地建物取引業協会連合会・不動産総合研究所）。中古マンションに関しては、首都圏と近畿圏以外の成約数は確かな統計データは見当たらないが、全国で10万件はないと推定する。すると、新築と中古合わせても年間に取引されるマンションの総数は、20万戸に満たない。

これに対して、四輪自動車の国内販売台数は2015年で新車が504万台、中古自動車が373万台。合わせると877万台。単価の違いがあるとはいえ、マンション市場と規模で40倍以上の違いがあることになる。狭い市場だからこそ、小さな波がブームになったりする。さらに、そこからバブルに膨張しやすいのである。

私はかれこれ30年ほどマンション市場の周辺で仕事をしてきたが、そういった寄せては返す波が不思議でならなかった。その昔、マンションの広告を作っていた時代には、大手の不動産販売会社に毎週打ち合わせに行ったものだ。

だいたいが月曜日。打ち合わせを始める前に、彼らの顔を見るだけでわかることがあった。その前日と前々日である土曜日と日曜日の、彼らが販売を担当しているモデルルームへの集客状況が表情に出ているのだ。いい時にはニコニコしているし、悪い時には険しい表情をしている。その当時、モデルルームへの訪問は今のように予約制が主流ではなかった。アポなしで訪ねても、それなりに接客してくれるシステム。だから、開けてみなければわからなかった。

ところが不思議なもので、集客がいい時はほとんどの物件でよくなる。逆の場合もしかり。物件によってかなり特性が違うのに、一斉に変わるのである。

さらにA不動産販売で打ち合わせをしている最中に「客が来るようになった」と聞くと、そのあとでB不動産販売に行っても同じような話を聞かされる。逆の場合も同じ。「客が来なくなった」という流れになると、各社ともにそうなっている。

まさにこれが「市場の流れ」というものなのだろう。

私は大まかに「これから売れなくなる」とか「あと○年は好調だろう」などという予測はするが、短期の読みは不可能だと思っている。しかし、市場には確実に波がある。ひとつ言えることは、マンションの格差というものは、基本的にこういった短期的な波やブームには関係がない。だから、どこかのモデルルームに行った時に客であふれかえっているのを見ても、「今買わなきゃ」などと決して焦らないことが肝要だ。

あるいは、ネットに「話題の〇〇マンションが即日完売」という表示が躍っていたとしても、「急いで自分も申し込まなければ」などと拙速に動かない方がいい。市場が盛り上がっている時というのは、マンション価格が総じて高いからである。

賢いのは、市場が低迷してモデルルームには閑古鳥が鳴いているような時に、優良物件を値引きで購入するような買い方だ。ロスチャイルド財閥の祖を築いたネイサン・ロスチャイルドの名言がある。

——町のあちこちで通りが血に染まっている時こそ、買いの絶好のチャンスだ。

彼は株式投資で巨億の財を成したが、不動産においても同じようなことが言えると私は考えている。

侮れない小学校の通学区

マンションの格差とは、わかりやすく言えば資産価値に対する評価の差である。同じエリアにあって同じような規模、築年数、間取り、住戸の向き……であっても、資産価値評価に差が生まれているケースはよくある。

地元に密着している仲介業者は、そのあたりを熟知している。

「あの物件は人気があって、売り物が出てもすぐに消えてしまうのですよ」

不動産屋というのは弁が立つ人が多いから、そう言われればすべてその通りだという保証は何もない。しかし、そういった「人気の物件」というのは確かに存在している。

「人気物件」の特徴はそれこそさまざまだが、その物件に備わった「何か」が多くの人々を惹きつけているのだ。一例を挙げれば、まず学区の違い。同じエリアでも通りを一本隔てれば学区が変わったりする。典型的なのが、東京都文京区の「窪町小学校」と、京都市内の「御所南小学校」。この2つの通学区は私が知る限り、東西の横綱公立小学区である。最寄り駅で言えば、窪町小学校は東京メトロ丸ノ内線の「茗荷谷」、御所南小学校は京都市営地下鉄烏丸線の「丸太町」か東西線の「京都市役所前」。

通常なら資産価値に大いに関係するはずの「駅徒歩○分」ということを超越して、この両校の通学区であるか否かによって新築も中古マンションも、資産価値の評価が1割は違う。特に京都市の御所南小学校の通学区で起こった異様なマンションの値上がりは、御所周辺エリア全体をバブルに導くキッカケとなった。

また、窪町小学校エリアには、徒歩通学圏に悠仁《ひさひと》親王が通うお茶の水女子大学附属小学校や筑波大学附属小学校、東京学芸大学附属竹早小学校がある。それぞれの小学校には幼稚園が併設されている。このエリアに住めば、幼児教室が近くにあったりして「お受験」に参戦しやすいわけで、教育熱心な家庭にとっては魅力的だろう。また、家計的に「中学までは公立に通わせたい」という親にとっては、文京区の「誠之《せいし》小学校」「第六中学校」の通学区の人気も高い。

もともと公立志向が強い埼玉に目を移せば、埼玉大学教育学部附属幼稚園・小学校にも近い、さいたま市の「常盤《ときわ》小学校」「常盤中学校」の通学区なども挙げられよう。

こういった情報は、地元の人々しか知らない。マンション購入のガイドブックにもほとんど書いていない。そもそも、公立小学校の評判というものはわかりにくい。数年たてばガラッと変わっていたりする。しかし、地元民は知っているので、そのエリアで中古マンションが売り出されれば素早く購入に走ったりする。そういった購買行動が人気につながり、結果的に資産価値を高めることにもなる。

世田谷や目黒、渋谷、港区では、「有名人が居住中」というマンションが人気だったりする。

「あの大女優・○○さんとご家族が居住中」

そんなことは、関係者以外なら地元民か地元の不動産屋しか知らない。しかし、中古マンションを探していると不動産屋が、「けっこう人気がありますよ。タレントの△△さんも住んでいますから」などとこっそり教えてくれることがある。

もし、その中古マンションを探している方がその○○さんや△△さんに好感度を持っていたとすると、それだけでそのマンションのイメージも1段階は向上する。ミーハーな人なら、一気に3段階くらい駆け上がっても不思議ではない。マンションの人気というものは、本来のスペックや居住性以外の要素によって、上がったり下がったりすることもあるのだ。

民泊は資産価値にマイナス？

あるいは、資産価値の評価をマイナスに引っ張る外的な要素もいくつかある。飛び降り自殺が多いマンションや、過去に殺人事件が起こったマンション。あるいは、風俗営業を行っている住戸があるマンション。自殺や他殺などの事件の舞台となった、いわゆる「事故物件」は、関係者にしかわからなかったのだが、最近はネット上である程度の情報を得ることもできる（たとえば「大島てる」で検索すると、そういったサイトがすぐに出てくる）。

最近なら、民泊を行っている住戸が多いマンションも、資産価値的にはマイナスの力が働くだろう。連日のようにスーツケースを引っ張った外国人が訪れ、エントランスホールでがやがやと騒いだり、共用施設を我が物顔で使われれば、住民にとっては愉快ではない。管理規約で禁止していても、建物に入ってくる人間を一人ひとりチェックするわけにもいかない（友人や家族の部屋に泊まりに来る人もいるだろう）。

今後、民泊については法制度が整備されるであろうが、分譲マンションの資産評価についてはマイナスになることが多いと予想されるので、管理規約で禁止する流れが本格化すると考えられる。民泊に出されているマンションかどうかは、民泊サイトでおよそ見当を付けることができる（民泊をマッチングさせている最大のサイトは、今のところ「Airbnb」〈エアビーアンドビー〉である）。

また、外国人の区分所有が多いマンションも、日本人にとっては敬遠される傾向が強まるだろう。牧野知弘著『２０２０年マンション大崩壊』（文春新書）には、中国人の区分所有者が多いマンションにおける管理組合の総会で、「中国語を使いたい」という発言があったエピソードが紹介されている。こういった現象は、今はレアケースかもしれないが、やがて増えていくものと想定される。特に中華系の外国人が多く購入したと思われる湾岸エリアのタワーマンションでは、中国人のプレゼンスが高まっていくだろう。

日本人の富裕層は、基本的に山の手志向である。港区や世田谷区、渋谷区の閑静な住宅地に住居を求める傾向がある。湾岸エリアは、どちらかというと新興エリア。そちらを好むのは新興の高収入層と見られている。

しかし、彼らも「新興」であることを脱すると、本来の富裕層が志向する山の手の方が「格上」であることに気づく。また、タワーマンションでの暮らしに飽きることもあるだろう。ある年齢に達すると、静かな住環境を求めるようにもなる。湾岸の新興住宅地は、基本的に若年層向けの街づくりが行われている。一方、中華系の外国人は埋立地《うめたてち》であることを気にしない。香港やシンガポールが海に向かって拡大している街であることと同様に、東京の埋立地の将来性に疑問を感じないのだろう。

結果、湾岸エリアは将来「外国人居住地」に変貌していく可能性もある。ロンドンやパリ、アムステルダムなどヨーロッパの都市で、自然に移民の街が生まれたように、東京にも中華系の居住区ができたとしても不思議はない（江東区の湾岸エリアなどは、その有力な候補になりそうだ）。

だからと言って資産価値が大きく落ちるとは思わない。むしろ、中華系の富裕層が集まるわけだから、それなりの価格が維持されるだろう。日本人の富裕層が住む街のマンションよりも高値で取引されることさえあり得る。ただし、人によってはちょっと住みにくいと感じる街になるかもしれない。

第4章

マンションの格差は「9割が立地」

——将来性を期待「できる」街と「できない」街

劣悪な立地条件をごまかす仕掛け

「不動産の資産価値は9割が立地」

よく指摘されることだが、これは冷厳な事実である。誰も逆らえない。マンションなら、その建物の建築デザインや共用部の充実度、住戸内の居住性も確かに資産価値に多少影響する。しかし、全体評価の1割以上までは影響しないだろう。

新築マンションを選ぶ場合に注意してほしいことがある。他の項でも書いたが、立地に自信のないマンションほど、その他の面を強調したがる。たとえば、東京都の湾岸エリアで過去に販売されたタワーマンションの多くが、豪華設備を売り物にしていた。エントランスの噴水、屋内プールや大浴場、バーベキューガーデン、スポーツジム、バーラウンジ（パーティルーム）、ゲストルームなどである。

しかし、冷静に考えていただきたい。そもそもマンションは、居住するのが目的の建物である。その建物の中にプールや大浴場など、管理に手間ひまと多額の費用を要する施設を作るとどうなるのか。使用頻度が高いうちはいい。しかし、10年、20年と経過するうちに老朽化が進み、やがて使われなくなる。それでもプールや大浴場として使用するには、定期的に設備を更新しなければならない。こういった豪華な共用施設はそう遠くない未来、管理組合のお荷物になることは目に見えている。高額な管理費や修繕積立金は、中古で売り出した場合、なかなか買い手がつかない理由にもなりえる。

したがってマンションを探す際は、そういう厄介な未来が予想される共用施設がない物件をなるべく選ぶに越したことはない。どうしてもプールや大浴場を利用したい時は、近隣の施設まで出かければいいのだ。たまに利用するだけの施設にはその都度、利用料を払うだけで済む。しかし、同じマンション内の豪華施設はそんなお気軽な存在ではない。その管理や運営に関して、区分所有者は間接的に責任と費用的な負担を課せられるのだ。

では、デベロッパーはなぜそんな豪華施設を作るのかというと、そこにもしっかりとした理由がある。そのマンションの立地に対する評価があまりにも弱いからだ。

まず、埋立地である。地盤が弱いので何十メートルもの杭を打たないと、重量の嵩《かさ》むタワーマンションは建てられない。杭が長いということは、その分、施工ミスも起きやすい。埋立地だから、地震の時には液状化する危険もある（現に東日本大震災の時には一部が液状化した）。もちろん、マンションの敷地で液状化が起こっても、杭さえ支持基盤に突き刺さっていれば、建物が傾いたりすることはない。盛大に液状化した千葉県の新浦安エリアでも、マンションが傾斜したという現象は見られなかった。

しかし、新浦安エリアの液状化は、その場所に住む多くの住民の生活に甚大な影響を与えた。液状化によって上下水道が使用不能になるという「打撃」をうけたからである。水道が使えなくなる――それだけだったらよかっただろう。問題は、トイレが流せなくなったのである（結果として、「災害用仮設トイレに2時間待ち」という現象が起こった）。

東日本大震災では、東北地方の太平洋岸を中心に約1万6000人の方が亡くなっている。当時の報道は、そういう面に集中していた。トイレが使えなくても人は死なない。新浦安住民の惨状については、ほとんど報道されなかった。

しかし東京が大きな地震に襲われると、湾岸エリアにおいて東日本大震災の時の新浦安と同じ現象が絶対に起こらないとは限らない。いや、むしろその可能性はかなり高いのではないか。

さらに、湾岸エリアは交通利便性がよくない。唯一、都心から直接地下鉄がつながっているのは豊洲である。したがって、「豊洲」駅徒歩圏は資産価値がそれなりに高く評価されても十分な理由があるが、それ以外の場所については、交通利便性がいいとは言えない。そういった立地ゆえに、その他の部分で魅力を演出しようとした。結果、プールや大浴場などのリゾート的な豪華施設となったというわけだ。

こういう例は、湾岸エリアに限らずによく見られる。変わり種としては「英語」というものがある。マンションの中に、英語を教える幼児教室を作ったケースだ。私は首都圏と近畿圏で、1物件ずつ知っている。あるいは、マンションの中に体育館を作っていたデベロッパーもあった（だいたいが、交通の便のよくない場所で分譲されていたマンションである）。

「英語」なら、撤退はしやすい。止めればいいだけ。体育館も、維持費用は大浴場や屋内プールに比べればかなり割安。椅子を並べれば集会所としても使える。この程度にとどめておくぐらいなら、まだ不安は少ない。しかし、本質的には不要なものであることには違いない。

「住みたい街」の優位性

大手の不動産会社や住宅のポータルサイトがよく「住みたい街ランキング」といった

図表4　2016年版「住みたい街」ランキング

関東

第１位	恵比寿	ＪＲ山手線
第２位	吉祥寺	ＪＲ中央線
第３位	横浜	ＪＲ京浜東北線
第４位	武蔵小杉	東急東横線
第４位	自由が丘	東急東横線
第６位	目黒	ＪＲ山手線
第７位	池袋	ＪＲ山手線
第８位	新宿	ＪＲ山手線
第９位	東京	ＪＲ山手線
第10位	二子玉川	東急田園都市線

関西

第１位	西宮北口	阪急神戸線
第２位	梅田	地下鉄御堂筋線
第３位	神戸三宮	阪急神戸線
第４位	岡本	阪急神戸線
第５位	千里中央	北大阪急行
第５位	夙川	阪急神戸線
第７位	なんば	地下鉄御堂筋線
第８位	宝塚	阪急宝塚線
第９位	江坂	地下鉄御堂筋線
第10位	天王寺	地下鉄御堂筋線

出所：SUUMO

ことを発表している。ああいった調査がどの程度実態に近いのかは別にして、上位にランキングされる街でマンションを買う、というのは悪くない選択だ。そういった街には、一定数の需要＝「住みたい人」がいるのだから、購入したマンションを売却あるいは賃貸に回す場合は、買い手や借り手を見つけやすくなる。図表4は、住宅ポータルサイトＳＵＵＭＯがネットで発表している、２０１６年版「住みたい街」ランキングだ。

「東京」とか「新宿」、あるいは「梅田」といった、あまりリアリティのない街も出てくるが、いちおうの参考にはなる（「成城」や「代々木上原」、あるいは「帝塚山」や「芦屋」といった住宅地として高く評価されている街が上位に出ていないのは多少気になるが）。こういった調査の対象になったのは20歳から49歳の人々。「恵比寿」や「吉祥寺」、「西宮北口」などが上位にきていることにも、その世代の「傾向」が表れている。マンションの格差は、こうした街のランキングの影響も受けている。

「将来性」を期待できない街

日本という国は、衰退期に入ったと言われている。その大きな理由はまず人口減少。そして少子高齢化。今後しばらくは毎年30万人以上の人口が減っていく。深刻なのは、日本の全人口に占める15歳から64歳までの生産年齢人口の割合が、それ以上の速さで減少するという点だ。人の数が減る、ということは住宅の住み手も減る、ということに他ならない。ただし、住宅への需要に対応する世帯数は、あと少しの間だけ増える。

本格的に減り始めるのは、2020年を過ぎたあたりからだ。東京では2030年頃から世帯数が減り始めると予測されている（図表5）。そうなるとどうなるのか？

現状でも、大都市圏ではほとんど「ニュータウン」というものを拡大する必要がなくなっている。東京では、かつて猛烈な勢いで開発された多摩ニュータウンにおいて、一部の過疎化が進行している。多摩の次に開発された港北ニュータウン（横浜市）や千葉ニュータウンでは、まだまだ全体計画の一部しか開発されていない。当初の開発計画か

図表5　日本の総人口と東京の世帯数の推移

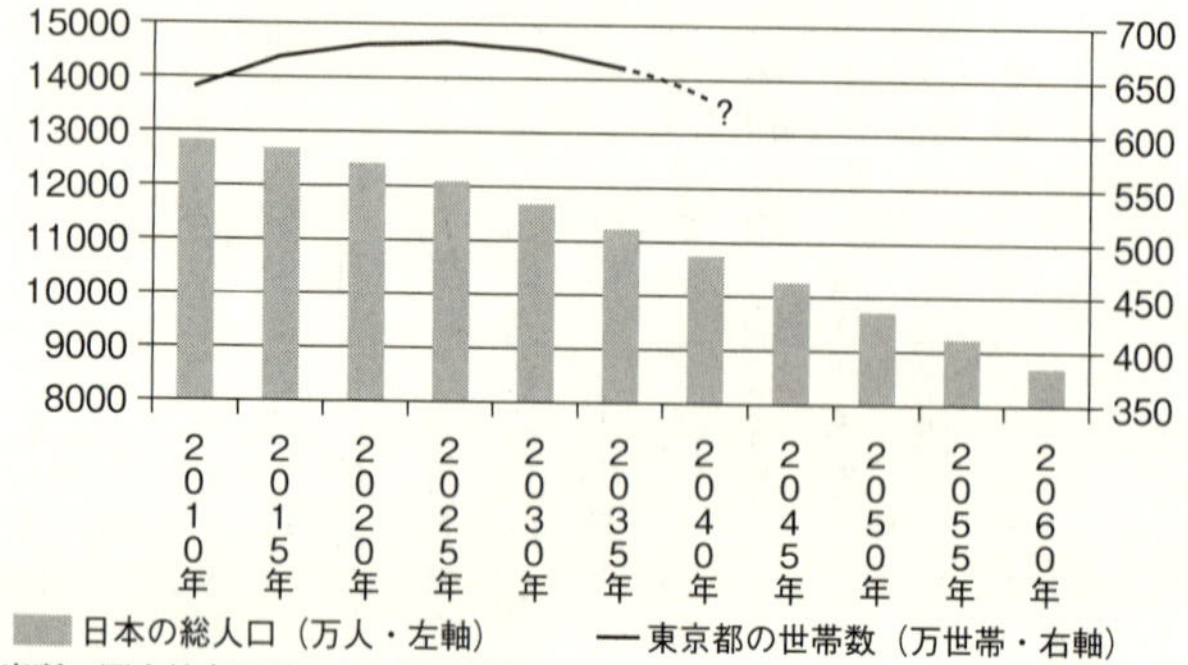

出所：国立社会保障・人口問題研究所

らかなり遅れているのだ。

関西で言えば神戸市の西北にある西神《せいしん》ニュータウンも開発途上だ。しかし、はっきり申し上げると、今後そういったニュータウンの開発を進める必要性はまったくない。むしろ、開発しない方がいいだろう。なぜなら、ニュータウンはこの先、確実に住人の数が減り、やがて廃墟の危機を迎える可能性が高いからである。

大きなニュータウンというのは広大な敷地を確保するために、かなり都心から離れた場所に作られている。大阪の千里ニュータウンが最も都心に近いが、それでも電車で30分である。これからの時代、そこまで都心から離れずとも、もっと近い場所にマンションを買ったり借りたりすることが可能になるはずだ。そうなれば、もはやわざわざニュータウンに住む必要はなくなる。

同様に、近年になって新しく敷設された鉄道路線の沿線も、成熟する前に衰退が始まってしまうかもしれない。首都圏で言えば、東京都葛飾区の京成高砂駅と千葉県印西市の印旛日本医大駅を結ぶ「北総線」や、東京都千代田区の秋葉原駅と茨城県つくば市のつくば駅を結ぶ「つくばエクスプレス」、千葉県船橋市の西船橋駅と同八千代市の東葉勝田台駅を結ぶ「東葉高速鉄道」の沿線である。

たとえば、つくばエクスプレスの「柏の葉キャンパス」という駅周辺では、三井不動産が中心となって壮大な街づくりを行っている。人口が増えて都心からあふれ出している時期には、こうしたサテライト的な街をどんどん作っていく必要があっただろう。しかし、すでにそういう時代ではない。

人口が減少するこれからは、むしろ都心のインフラを整備して人口を中心へ呼び戻すような開発を行うべきではないか。東京よりも先行して、地方都市では「コンパクトシティ」構想の実現が進んでいる。都市機能をエリアの中核都市に集中して行政や医療サービスの負担を効率的に行う、というものだ。東京や大阪、名古屋のような大都市圏でも、そろそろ膨張政策はおしまいにして、コンパクト化をめざす時期だと考える。

また、我々としては今後、郊外や湾岸に開発された新興住宅地のマンションの購入は避けた方が無難だろう。なぜなら、中長期的に見れば衰退する可能性が高いからだ。街が衰退すれば、そこにあるマンションの資産価値も下がる。

マンション市場でも確実に格差社会が到来している。衰退エリアをしっかりと見極め、そこでのマンション購入は何としても避けるべきなのである。

キーワードは「中古が高値で取引される街」

「どこでマンションを買えば、資産価値が下がりませんか?」

よくいただく質問である。

「港区の青山と千代田区の番町ですね」

東京ならそう答える。関西なら、そこまではっきり断言できない。強いて言うなら梅田、心斎橋、芦屋だろうか。京都の御所周辺から下鴨もいいが、今はバブルで安定性に欠ける。

港区の青山には南と北がある。まあ、どちらでもいいだろう。地下鉄の駅で言えば「表参道」「外苑前」「青山一丁目」だ。この3駅を最寄りとする新築マンションは年に何物件も出てこない。また、大規模なものはほとんどなく、中規模か小規模。ほとんどが短期間に完売する。

新築マンションが少ないので、そうなると当然、中古マンションは高値で取引される。時に、新築マンションよりも高かったりする。しかし、人気の物件ならそれでも売れる。このエリアから少しだけ外れるが、「青山パークタワー」という２００３年に完成した３１４戸のタワーマンションがある。築13年にもかかわらず、新築時より２割高で売られていたりする。この13年間で、新築時の価格を下回ったことはほとんどない。いわゆる「ヴィンテージマンション」だ。

不動産業界の間では、千代田区の番町エリアもマンション価格がほとんど下がらないことで知られている。特に市ケ谷駅の裏手になる四番町や五番町は、めったに新築マンションが出てこない。中古マンションも新築時とほぼ変わらない価格で取引される。

大阪の場合、東京のようなブランドの街が少ない。あえて挙げるとするなら帝塚山あたりになるのだろうが、環状線の外側だ。だから、資産価値を測る基準では「街のブランド力」という要素よりも、利便性を重視せざるを得ない。結果として、梅田や心斎橋を選んでしまうことになるのだ。

コラム② 大阪に伝統の住宅地がない理由

東京と大阪は、ほぼ同じ時期に街が作られた。大阪の方が 20 年程度先行しただけ。

しかし、街づくりのあり方がまったく違った。まず、大阪の街の基礎を築いたのは豊臣秀吉。彼は最初から大坂を当時の堺よりも繁華な「商いの町」にしようと考えた。だから、日本中から商人を呼び寄せて賑やかな街に仕上げた。

豊臣時代には大名屋敷も多かったが、大坂夏の陣でほぼ灰燼《かいじん》に帰した。その後、各大名は蔵屋敷のみを大坂に置き、領国で産する米や物産を大坂に運んで換金した。大名家の蔵屋敷が並んでいた場所が、今の中之島。

一方、東京は徳川家康が築いた江戸の町がベースになっている。江戸時代を通じて、江戸はずっと武家の町。住人も半分から 7 割がたが武家であったと考えられている。だから、東京の都心には大名屋敷が並んでいた。そうした大名屋敷跡地が近代化を機に官庁になったり大学に変わったりしたが、そのまま武家たちの住宅地にもなった。江戸城に近い番町には各大名の上屋敷が多く、青山付近には中屋敷、下屋敷が多かった。その他、高輪や麻布、駒込などもお屋敷町。そういった元のお屋敷町が現在、上質な住宅地に変貌している。

一方、大坂は商人の町であったので、街中が雑多になってしまった。明治期以降、裕福な大阪商人は郊外の静かな場所に贅《ぜい》を凝らした住宅を建てて住んだ。西宮、夙川《しゅくがわ》、芦屋、帝塚山などである。

同様に、東京でも都心の喧騒を嫌った富裕層は、田園調布や成城などに居を移す動きも起こった。しかし、山手線の内側でお屋敷町の伝統を引き継いだ住宅街が、今も脈々と息づいている。

郊外で注目すべきは「街の連続性」

　ただし、誰もが青山や番町にマンションを買えるわけではない。そういった場所のマンションは、億を超える場合がほとんどだ。

　では、一般所得者はどこでマンションを買えばよいのか？　やはり郊外へ向かわざるを得ない。そこでここでは、まず路線について考えたい。中古マンションとして売却しやすく、資産価値が高く評価される路線とはどういった特徴があるのか。

　まずは、前述のように「人気」というキーワードが思い浮かぶ。「住みたい街ランキング」や「住んでみたい沿線」といった、人々の人気度がそのまま資産価値や売却のしやすさに直結するからだ。しかし、先ほど触れたように、これから日本の大都市もいよいよ衰退期に突入する。住民が減って街がダウンサイズ化していく。この誰も経験したことのない社会変動が起きている時代に、「人気」という曖昧なイメージだけで街の将来を見通すことはできない。

　以下は私が常々いろいろなところで指摘していることだが、これからの時代の路線選びは「都市間の連結性」だ。つまり「その路線の先に有力都市が連なっているか」という視点。この視点をもとに、日本で最もマンションの資産価値が落ちにくい沿線を選ぶと、それはＪＲ東海道本線である。

日本が近代国家となって以来、鉄道も道路も最優先で整備されたのは「東海道」である。その理由は、東京と大阪を結ぶ経済の大動脈であるからだ。

また、その中間には名古屋という日本で３番目の大都市圏もある。その他、東海道に連なる街としては品川、川崎、横浜を経て、小田原、静岡、浜松などの有力都市がある。

今の東海道は京都、大阪を経て神戸が事実上の終着点だ。その先はさらに山陽線に連結して神戸から広島、そして福岡へと結ばれている。こういった有力都市をつないでいる路線の沿線は、資産価値が極めて安定している。

特にＪＲ東海道線沿線の資産価値が安定していることを示す現象のひとつとして、神奈川県藤沢市の発展を挙げることができる。首都圏でも遠隔郊外都市の人口減少が定着する中、２０００年10月時点で37万９１８５人だった藤沢市の人口は、２０１６年７月の時点で42万６４０２人と右肩上がりに増えており、街には発展の様子が顕著にうかがえる。今や藤沢駅や辻堂駅の周辺は、未来の成長が十分に予測できる賑わいだ。

東京方面からの人口流入も多いのだろう。ところが、同じ湘南エリアでも東海道線から外れた逗子《ずし》市などでは人口は減少傾向にある。発展中の藤沢市とは対照的だ。

JR東海道線に次ぐ路線は？

ＪＲ東海道線がピカイチの路線であるが、その他はどうだろう？

東京都心から各地へ伸びるＪＲ線の中では、大宮や浦和、東京、川崎、横浜などを結ぶ京浜東北線ではないか。その次は宇都宮線と高崎線。この2路線は、さいたま市を経て宇都宮や仙台へ向かう連結性を持っている。２０１５年に上野東京ラインが開通したことによって、この2路線の潜在価値はさらに高まったといえる。

また、ＪＲ中央線は東京駅と新宿駅を最短距離で連結していることが最大の強みだ。荻窪や吉祥寺、立川、八王子と沿線の有力都市が連なっているが、その先は甲府でおしまい。そこが少し弱いので、中央線沿線ならせいぜい吉祥寺くらいまでを考えるべきだろう。

一方、ＪＲの基幹路線の中で今後の沿線資産価値が脆弱《ぜいじゃく》なのは常磐《じょうばん》線、総武線、京葉線だろう。常磐線には松戸、柏という有力都市が連なるが、水戸の先に有力都市はない。総武線や京葉線も、千葉を過ぎれば房総の山と海。

この「都市間の連結性」という考え方は、首都圏や関西圏の私鉄にも当てはめることができる。私がよく例に挙げるのは東急東横線と東急田園都市線の比較。今はイメージのいい田園都市線に人気がある。しかし、この路線は中央林間で行き止まり。東京が衰退を始めた場合、溝の口より先は今の繁栄が危うくなると予測する。大きく捉えると、田園都市線は１９８０年代以降に栄えた新興エリアなのである。都市が衰退期に入ると、住民が根付いていない新興エリアは、人口の流出が早くなる傾向がある。

これに比べて、東急東横線は渋谷と横浜という有力都市をつなぐ大動脈の役割を果たしている。これは東京の衰退期においても強い延命力を持つと考えるべきだ。

したがって、二子玉川（田園都市線）と武蔵小杉（東横線）のどちらの資産性が安定しているかと問われた場合、私は迷わず後者を選んでいる。二子玉川は最近の再開発がうまくいき、東急グループの演出が成功した街だが、いつか賞味期限がくると予測する。

同様に、小田急線と京王線を比べると、なんとか小田原につながっている小田急の方に若干ではあるが分《ぶ》がある。方面は違ってもテイストやイメージが似ている京成線と京急線なら、横浜と東京都心を結ぶ京急線を選ぶべきだろう。

関西方面でも、選び方の基本は同じだ。大阪から京都方面に向かう各路線と神戸方面に向かう路線沿線の資産価値が安定している。ただし関西はＪＲ沿線よりも阪急電鉄沿線に人気がある。阪急は京都の中心から大阪、そして神戸や西宮、宝塚といった有力都市をつなぐ「連結性」でＪＲと拮抗《きっこう》。イメージではＪＲを凌駕《りょうが》している。

これらに比べて、奈良や和歌山方面に伸びる路線は弱い。やはり、その向こうに有力都市が控えていないため、衰退期には脆弱性が現れやすいはずだ。

第5章　タワーマンションの「階数ヒエラルキー」

——「所得の少ない低層住民」という視線

分譲時の価格差はどの程度妥当か？

ご存じのように、新築マンションは、住戸によって販売価格が異なるのが一般的だ。ごくまれに「このタイプは3階から10階まではすべて同じ」といった、なんとも思い切った値付けをする某財閥系大手不動産会社もあるが、それは例外中の例外。通常の新築マンションは、階数やタイプ、住戸の向きによって微妙に販売価格が異なる。

実は、あの価格を決める作業はかなり難易度が高い。たとえば、同じタイプでも窓の外に建物が見えてしまう3階住戸と、窓の向こうに視界が広がっている4階住戸の価格差をいくらにするのか、といったことはかなり微妙な問題である。3階を3900万円、4階を4500万円にした場合、それぞれの購入者がその価格に「納得」するかどうかを正確に予測しなければいけない。

この場合、4階以上の住戸だけが売れ残るということもあれば、3階以下のみが最後まで売れない、ということも十分にあり得る。最近見た例だが、ある物件でマンション全体としては悪くないスペックなのに、竣工後何ヵ月も数戸の住戸が売れ残っていた。分譲していたのは野村不動産。このデベロッパーは、竣工・引き渡しまでに何が何でも完売させようということで知られている。

そんな野村不動産の全体的な印象の悪くないマンションで、竣工後数ヵ月も数戸が売れ残っていたのが、私にとってはいかにも不思議だった。しかしある時、その住戸の購入希望者から相談を受けて初めてわかったのだが、売れ残っている数戸には強烈な「マエタテ」があったのだ。「マエタテ」とは、窓のすぐ外に隣接地の建物があること。圧迫感や閉塞感があるので、かなりのハンディキャップだ。結局、その相談者には「やめた方がいいでしょう」とお答えした。そういう住戸は、いざという時に売りにくい上に、貸しにくい。

そもそも、その数戸については売主が最初から安く価格を設定しておいて、その分は売りやすい住戸に上乗せしておけばよかったのである。価格政策を誤ったとしか思えない事例である。

このように、新築マンションの販売価格というものはデベロッパーの事業責任者が恣意的に決めるもので、それが中古になった時の資産価値評価に必ずしも結びつくものではない(ただし、参考値にはなる)。

中古になればなるほど格差は解消

一般的に言えることは、タワーマンション以外、新築時におけるマンション内の価格差は、中古になると縮小する。購入検討者側からすると新築時には同じマンションの売り出し住戸の中から購入住戸を選べるが、中古の場合にはそれがほとんどないからだ。数十戸規模のマンションだと、同じような間取りや面積の住戸が、2戸以上同時に売り出されていることは稀《まれ》だ。選択肢は他の中古マンションから探さなければならない。

そうなると、同じマンション内における直近の成約価格が基準になる。3階住戸が売り出されていた場合、直近の取引事例が8階と10階なら、その価格を基準に「3階だからちょっとだけ安くして」というように売り出し額が決められるケースが多い。

新築時なら、一階につき50万円から100万円の価格差がついている。3階住戸が3900万円なら、8階住戸は4300万円、眺望にすぐれた10階住戸は4500万円といった具合だ。この場合、3階と10階の価格差は600万円。

ところが、10年後に中古で売り出された時、直近の成約事例が8階3800万円、10階3900万円なら、3階の売り出し額は「じゃあ3780万円で売り出して、最悪3600万円くらいまでは交渉に応じるようにすればどうでしょう」と、仲介会社に提案されることになる。仮に3600万円で売れたとすれば、10階との価格差は300万円と、新築時より半減している。

さらに言えば、賃貸に出す場合は8階でも3階でも賃料はほとんど変わらない。8階が3階より1万円も高ければ、たいていの人は3階住戸を借りる。この場合、8階や10階住戸が3階住戸の賃料に合わせざるを得ないので、高い階数の住戸ほど不利だ。

こういった中古や賃貸市場の実情から考えると、新築マンションを購入する場合、居住条件によほど大きな差がない限り、階数が低くても価格の安い住戸を選んでおいた方が得になる。

また、築20年を過ぎると、眺望や居住性に大きな違いがない場合、階数による差はほとんどつかなくなる。理由は、階数で価格差をつける意味がなくなるから。もちろん、眺望や採光、通風が違えば、そこには差をつける意味がある。しかし、5階住戸と8階住戸では窓の外の風景が多少違うだけで、他は何も変わらない、といったケースはよくあること。そういう場合、階数による価格差はほぼゼロとなる。

それより大きな差がつくのは、住戸内の使用状況だ。築20年も経過すれば、その間にどこかでリフォームしていたり、あるいはその間にあまり人が住んでいないような住戸には、それなりの評価が出る。しかし、20年しっかり暮らして子育てまで終えた住戸なら、それこそフルリフォームをしなければ、かなり評価を下げてしまう。

新築時には、階数や向きで数百万円の価格差があっても、買い手側がそれに納得するので市場が成立する。しかし、中古になればなるほど、買い手側が納得する条件が変わってくる。さらに言えば、新築の場合はほとんどの住戸が現物を確認できないまま売買契約が結ばれる。現物を見てしまえば「これくらいだったら安い方を買っておこう」という違いしかなくても、図面と想定画像で判断した時点では「やっぱり高いだけの価値があるのだろう」と納得しているケースも多いことだろう。

もう一度書いておくと、新築マンションの価格差は多分に売主側の都合で設定されている。それは必ずしも10年後、20年後の資産価値評価の差とはならない（ただし、これも参考値にはなる）。

タワーマンションは、どこを買うべきか？

まず、ここで言うタワーマンションとは「20階建て以上の分譲マンション」のことである。

正直なところ、私はタワーマンション自体をあまり好きになれない。その主な理由は、外観的に美しく思えないのと、健康面への影響である（「タワーマンション危険論」については、拙著『新築マンションは買ってはいけない!!』（洋泉社 新書y）に詳しいので、ご興味のある方はぜひそちらをお読みいただきたい）。

ここでは、仮にタワーマンションを買うとしたら、「どこの住戸を選ぶべきか」という論点で書かせていただく。まず、そもそもタワーマンション自体は限られた敷地にできるだけ多くの住戸を作る、というところに最大の存在価値がある（私は、それ以上でもそれ以下でもないと考えている）。

そういったタワーマンションに暮らす唯一のメリットと言っていいものは、眺望である。それ以外は、基本的に通常の板状型マンションと変わらないはずだ。また、私が仄《そく》聞《ぶん》したところでは、タワーマンションに住みたがる人はほとんどが眺望を求めている。あと、何かあるとすれば「見栄」だろうか。

当たり前のことだが、タワーマンションであっても低層階に住めば眺望は得られない。であるならば、せっかくタワーマンションに住戸を買い求めるのであれば、唯一のメリットである眺望を享受できる20階以上の住戸を選ぶべきだ。

しかし、タワーマンションの20階以上は価格が高い。それでも、私は20階以上を買うべきだと思う。理由は、一にも二にも眺望が得られるからだ。それ以外にない（8階や12階の住戸を買うくらいなら、近隣にある普通の板状型マンションの8階住戸や12階住戸と眺望は変わらないはずだ）。

ただし、タワーマンションが持つデメリットを受け入れなければならない。タワーマンションが有する主なデメリットは2つある。

1　管理費・修繕積立金が高い
2　戸境壁《こざかいかべ》が乾式である

まず、たいていのタワーマンションは板状型マンションよりも管理費や修繕積立金が高く設定されている。高速エレベータの保守管理費が高いからだ。その他、豪華設備のあるタワーマンションは、その維持費も嵩む。そもそも、管理費や修繕積立金というものは、多くの場合、各住戸の㎡数に応じて支払う設定になっている。ということは、8階や10階の住人は30階とか40階の住人よりもエレベータの利用距離が明らかに短いのに、同等の負担を求められていることになる。なんとも理不尽ではないか。

次に、タワーマンションというものは全体の荷重負担を減らすために、できるだけ軽く作られている。住戸間を仕切る戸境壁はほぼ乾式である。乾式壁はコンクリートを流し込む湿式壁に比べて遮音性に劣る。さらに言えば、工場で製作して現場に運び込み、床と天井を接合する。この接合の工事精度は、外から見てもよくわからない。そして、その接合がきちんとなされていないと、マニュアル通りの遮音性さえ得られない。もしかしたら、お隣の声がよく聞こえる住戸を買ってしまうかもしれないのだ。

ほかにも注意点はある。接合の工事精度が悪い場合、ちょっと大きな地震に見舞われると、つなぎ目のところがズレてしまう。東日本大震災の際、乾式壁がズレたマンションは相当あったはずだ。私も何件か相談を受けた。ほとんどが管理組合の負担で補修工事をしていた。費用負担はいいとしても、ズレたまま何週間か、あるいは何ヵ月かを暮らさねばならなかった人は多いはず。最近は10階程度のマンションでも乾式壁を採用しているところが多い。そのあたりは十分に注意したいポイントだ。

次に、タワーマンションの住戸を選ぶ場合に気を付けるべき点は、「南向きを避ける」ということ。理由は、何より夏が暑くて仕方がないことだ。四六時中厚いカーテンを閉めてエアコンを効かさねばならない。20階以上になると、外に洗濯物は干せない。窓もあまり開けられない。南向きを選ぶ理由がないのだ（むしろ、北向きの方がいいかもしれない。朝日や西日が入り込まない。眺めは順光である）。

最後に、タワーマンションの住戸を選ぶ場合は、眺望の未来を予測すべきだ。たとえば、将来目の前に別のタワーマンションが建ってしまうかもしれない。そうなったら、資産価値の低下は不可避だ。せっかく富士山やスカイツリー、あるいは東京タワーが見えていたのに、見えなくなってしまう可能性がある。花火大会にも同様のことが言える。自分が検討している住戸からの視界内に、タワーマンションに変わりそうな駐車場、空き地、古いビル、倉庫などがある場合はくれぐれも注意が必要だ。

今はネットで都市計画をある程度調べられる。あるいは、モデルルームの販売担当者はかなり知っているはずだ。そういったことを黙って販売した場合、あとで訴えられたら責任を問われることにもなりかねない（そういった判例も出ている。だから知っていることは教えてくれる）。

タワーにうごめく見栄と嫉妬

数年前、ある大手財閥系企業が東京の湾岸エリアで分譲する大規模タワーマンションの、パンフレットコピーを書く仕事が舞い込んできた。私は元々マンションの広告づくりが専門みたいなコピーライターだったので、昔のつながりで時々そういった仕事も入ってくる。そうした仕事は大して難しくない。与えられた資料に基づいて、そのマンションの特長を広告コピーにしていくだけ。どちらかというと単調なものだ。しかし、いちおうコピーのテンション（強調するポイント）をどこに持ってくるかということは最初に決める。落ち着いた大人風の雰囲気を作るのか、若くてアクティブな住まい手を想定したものにするのか……デベロッパーが大手になれば、商品企画はしっかりしている。

その湾岸エリアのタワーマンションについて、売主企業がターゲットの心理を想定していた箇所が非常に露骨で興味深かった。それは何かと言うと、ズバリ以下のようなもの。

「タワーマンションに住みたがるのは、基本が見栄っ張り」

タワーマンションの場合は階数が上がるに従って新築時の販売価格が高く、中古になった時の資産価値評価が高いことも、住民たちは十分すぎるほど知っている。さらに、そのマンションの他の部屋が新築時にいくらで売り出されていたかということを記憶している住人も多い（また、そういった情報は今ではネットでたやすく手に入る）。

もちろん、中古で売り出された住戸の売却希望額もたちどころにわかる。はたまた、「今売り出すとすればいくらですよ」という評価情報まで、ネット上で少し調べればたちまち知ることができる。

同じ年頃の子ども（孫）がいるとか管理組合の仕事などを通じて、マンション内で知り合いができたとする。当然、お互いの部屋番号がわかる。その瞬間、お互いの住戸の資産価値の差がはっきりするのだ。もちろん、そういった「価格調査」を積極的にやる人もいれば、あまり興味のない人もいるだろう。しかし、タワーマンションにはどういうわけか、「価格」を気に掛ける人が多いのだ。私の知っているある人は、同僚や知人からもらった年賀状の住所からマンション名を割り出し、部屋番号から現在の評価額を推定して、一人ニヤニヤしているという。何を隠そう、その方もタワーマンションの住人だ。

若いお母さんなら、保育園・幼稚園仲間ができる。お父さんたちはバーラウンジやスポーツジムで他の居住者と知り合ったりする。部屋番号を教えあった時点で、お互いの格差を意識した関係が始まっているのかもしれない。見栄や嫉妬というのは、人間の感情の中でやましい類のもの。タワーマンションに住む、ということはそういった感情との戦いを伴うことをも意味する。

低層階に住んでいたある女性は、高層階から降りてきたエレベータに乗り込む際、先に乗っていた高層階住民であろう人の視線を気にしすぎることで、ノイローゼになってしまった。

「私は所得の少ない低層住民だと見られている」

こういうのは、気にしなければ、気にしないで済む問題だ。

ただ、タワーマンションの「階数ヒエラルキー」は実際の資産価値評価が伴った、裏付けのしっかりした格差だけに、取り扱いが厄介だ。

第6章

管理が未来の価値と格差を創造する

――理事会の不正は決して他人事ではない

中古マンションは「管理で買え」

マンションというものは、デベロッパーが計画した段階ですでに格差がついている。これまで述べてきたように、資産価値の9割は立地で決まるのだ。しかし、残りの1割が致命的な評価減の原因になることもある。

その1割の中の多くは、マンションのハード部分である。建築デザインであり、施工精度である。第3章で触れた横浜の2件の傾斜事件のように、施工のミスで資産価値の評価が限りなくゼロになったケースもある。そして、この残り1割に属する中でもかなり重要なのが管理である。よく、「中古マンションは管理で買え」と言われる。その通りだ。

マンションは古くなればなるほど管理が重要になってくると私は思っている。新築の最初の10年なんて、よほどの欠陥建築でない限り大きな問題は起こらない。管理会社にほとんど任せっぱなしでも、各区分所有者の暮らしに大きな影響を及ぼすほどの問題は起こらない（ひたすら、やや割高な管理費を払い続けなければいけない、というだけ）。

ところが、築10年を過ぎた頃からいろいろな問題が起こりだす。補修をしなければいけない箇所も増える。使われなくなった共用施設が目立ち始める。駐車場が余ったり、自転車置き場が不足したりするのが、その典型例と言える。

あるいは、管理費や修繕積立金の滞納者が目立ってくる。さらに言えば、あまり活発に活動していない管理組合なら、一年に1度の総会で定足数を満たすことさえ困難が生じるようになる。

また、そういう緊張感のない管理組合の場合、管理会社はたいていダメ社員を担当者（フロント）につけてくるので、管理上の不具合も目立ってくる。わかりやすい例を挙げれば、清掃やゴミ出しといった「基本のキ」である業務でもゆるみが目立つようになってくる。

修繕積立金は管理会社の提案する不要不急の修繕工事に浪費され、来るべき大規模修繕にはとても足りない状態になる。当然、値上げが行われる。しかし、それについて反対意見を言う区分所有者が多くなり、管理組合内での人間関係がギスギスする。あきれ果てた何人かの区分所有者は、売却して出ていくだろう。こういった事態を避けるには、管理組合が正常に機能するしかない。

管理が機能していない組合のマンションは、見た目が悪くなる。そこに漂う空気の感じも悪くなる。もちろん財政も悪くなる。すると中古としての価値が下がる。優良な管理を行っているマンションと比べて、どんどん格差が広がっていく。

同じエリアにある同規模のマンションと比べても、価格の差がくっきりと出てくる。不動産の仲介業者も、管理がよろしくないマンションはすすめない。なぜなら、あとでクレームになったら厄介だから。まさに、負の連鎖である。

では、あなたがいま住むマンションの価値を高め、「勝ち組」へと導くためにできること＝管理をしっかり機能させるにはどうしたらよいのか？　管理組合が正常に機能するには、その幹部がしっかりと自分たちのやるべき仕事を行わなければならない。管理組合がうまく機能するかしないかは、すべて幹部のやる気と能力にかかっているのである。

管理組合が本当にやらなければいけないこと

それは、管理規約を自分たちの都合のいいように改めたり、理事たちが行う勝手な飲み会の費用を「コミュニティ活動費」などとして管理組合に付け回すような、こずるい仕組みを作ることでは決してない。あるいは、来るべき大規模修繕のために「あーでもない」「こーでもない」といった不毛の議論を積み重ねることでもない。一年に1回開かれる定期総会に向けて、さまざまな書類を準備することでもない。そんな煩雑なことは管理会社に任せればいい。そのために高い管理業務委託料を支払っているのだ。

では、管理組合は日々の業務として何を行うべきなのか？ 管理組合に課せられた最大の使命は、「管理業務の適正化」である。管理組合は、自分たちの行うべき管理業務が何であるのかを適正に見極め、それが適正な価格で管理会社をはじめとする各業者に委託され、それが適正に遂行されているかを区分所有者全体の代表者として「管理」するのが、その本来の役割である。

さらに、どのような管理業務が必要であり、あるいは不要であるかは日々見直すべきである。なぜなら、マンションを取り巻く環境や条件は日々変化している。「適正」な管理業務の中身も常に変わっていくと考えるべきである。

あるところまで仕上げたとしても、「あとはしばらくこのままで」ということはない。人間が作るあらゆる組織は、常に内外の環境の変化に合わせて改革を行わなければならない。それを実行できない組織は早晩活力を失い、やがて消滅する。会社なら倒産である。マンションの管理組合も、その例外ではない。

管理業務の適正化には終わりがない。管理組合の仕事は、真面目に考えるとかなりハードである。しかし、そう難しく考える必要はない。一般社会常識に照らし合わせて適正かそうでないかを判断しながら、実際の作業は外注にすべきだろう。そのために管理会社がある。管理会社が頼りにならなければ、マンション管理が専門のコンサルタントもいる。彼らに任せるところは任せればいいのだ。

たとえあなたが管理組合の理事長に選任されたとしても、本業に影響するほど管理組合の仕事に打ち込む必要はない（そこまでやっては本末転倒だろう）。仮に、自分のマンションの管理組合がそういう本末転倒なお方によって牛耳られているとしたら、何かウラがあるのではないかと疑うべきだ。

管理組合は「生徒会」ではなく「国会」

マンションの管理というのは、ひとつの「利権」である。これを聞くと、多くの人が怪訝《けげん》な顔をする。「そこまで言い切る必要はないでしょう」という表情を見せる場合が多い。しかし、これは真実なのである。もう一度繰り返す。マンションの管理というのはちょっとした「利権」なのだ。

なぜ利権かというと、管理費や修繕積立金という巨額のカネが動くからだ。カネが動くところ、必ず利権が生まれる。利権があるところ、必ず腐敗が生じる。多くの人は「管理費は管理会社に支払うのだから、利権なんて……」と甘く考えている。百歩譲ってそうだとしても、修繕積立金は管理会社にすべて払っているものではない。

実際、区分所有者が払っている管理費や修繕積立金その他は、管理会社ではなく管理組合へ払っているのだ。そして、管理会社には「管理業務委託料」を管理組合から払っている。つまり、管理会社は管理組合にとって管理業務を委託する「発注先」なのである。気に入らなければ、違う管理会社に業務委託先を変えればいいだけ（これは「管理会社の変更」、あるいは「リプレース」と呼ばれる。後ほど詳しく述べる）。

さて、利権の中身を説明したい。100戸のマンションを想定する。1住戸あたりの毎月の管理費は2万円、修繕積立金は1万5000円。さらに、月額使用料3万円の駐車場が15台分ある。この管理組合には、年間4740万円の収入がある。管理組合は、この4740万円をどう使うかを決められる。

これはまさに「利権」ではなかろうか。仮に、管理費として徴収した額の9割を管理会社に払い、残りを全額積み立てたとしよう。修繕積立金と駐車場代も合わせて、この管理組合には10年で2億5800万円の残高が資産として積み上がっている。管理組合は、これをほぼ自由に使うことができる。

管理組合の組合員は、区分所有者全員である。100戸なら100人。いちいち全員を集めて話し合うわけにもいかないから、代表を何人か決める。彼らは区分所有法上で「理事」と呼ばれる。理事を何人にするかは、それぞれの管理規約で決める。理事の中から互選で理事長を決める。管理組合の理事会には、予算の作成とその執行権が委ねられている。理事長は組合員の直接選挙ではなく、理事会の互選で選ばれるのであるから、これは中学や高校の生徒会というより、国会の仕組みに近い。理事は国会議員、理事長は総理大臣と言えよう。

実は、理事長の権限は総理大臣よりもある意味でかなり強い。なぜなら、管理組合の総会では議長を務めるからである。いわば総理大臣と衆参両院議長を兼任しているようなもの。したがって、理事長が利権を活かして悪事を働こうとすると、いくらでもできてしまう。

ここに、あなたのマンションの資産価値を左右する「落とし穴」が潜んでいるのだ。

絶対権力は絶対腐敗する

管理組合の理事になるというのは、本来なら地味な所属共同体への貢献である。ほとんどの管理組合の場合、理事に対して報酬を出さない。それは、持ち回りで数年に一度やらなければならないごくごく当たり前の奉仕活動、あるいは住民としての当然の義務を果たす行為だと考えられるからである。

ところが、管理組合には利権があると理解した上で、それを我田引水よろしく、自分の利益へと誘導しようという悪い輩《やから》が少なからず存在するのだ。彼らのやることは、たいていが同じ道筋をたどる。まず、管理組合の理事選任を持ち回りとともに立候補を認めるよう規約を改正させる。管理規約の改正は、全区分所有者の4分の3が賛成しなければできない。そういうことは、新築引き渡し直後でないとほぼ不可能なので、利権を漁《あさ》ろうという輩は管理組合の発足時から活発に活動を始めているケースが多い。

さらに、自分に従う区分所有者にも積極的に理事に立候補させる。理事会でいつも多数派を取れるようにするのである。理事会を抑えたら、あとは何でもやり放題である。

何よりも自分たちへの利益誘導を行いやすい仕組みを作る。わかりやすい例で言えば、「理事への報酬の支払い」である。「理事会に1回出席するごとに1万円」、あるいは「年間報酬5万円」などという報酬規程を作る。

国土交通省の調査（「平成25年度マンション総合調査結果報告書」）によると、理事などの役員全員に対して報酬を支払っている管理組合は、マンション全体のおおよそ20％を占めていた。その中には、理事長の月額報酬が1万円超というマンションが22％強もあった（役員報酬が一律でない場合）。マンションの規模が大きくなるほどその比率が高くなる傾向も見られた。全体の予算規模が膨らむから「理事長に月○万円くらい出してあげても」という感覚になるのであろう。

そういう緩い予算感覚の管理組合では、理事たちの定期的な飲み会の費用まで管理費から支出していたりする。名目は「コミュニティ活動費」というようなもの。

年に盆暮れの2回程度、集会室で出前のすしとビールで懇親会を開く、ということくらいならまだ許容範囲かもしれない。ところが、外部の小料理屋や中華料理店でひとり1万円以上の飲食を行ったり、区分所有者以外の業者や地元の地方議員を招待しての宴会を開催しているような管理組合もある（もちろん、費用は管理組合の予算である「コミュニティ活動費」からの支出だ）。

ここまで来れば管理組合の私物化である。多くの管理組合内で「理事たちが勝手に贅沢な飲み食いをしている」ということが批判の対象になった。

そういったことを踏まえたのか、2016年3月、国土交通省が作る「標準管理規約」が改正され、この悪名高き「コミュニティ条項」が削除された。

ただ、この程度の私物化はまだましな方である。

他の区分所有者にバレにくくやるなら、管理会社との癒着である。「管理会社を変更する可能性がある」などと、管理会社側を脅して飲み食いの接待を強要するなどというのも、まだまだかわいいレベル。

やや悪質になると、管理会社に対して「私の知り合いの○○社を、今度△△の補修工事に使え」といって、無理やり下請けに組み込ませる。その○○社から自分はバックマージンをもらうのである。

私が見知った、あるケースをご紹介しておこう。そのタワーマンションは、比較的立地条件に恵まれた場所に立つ500戸以上の大規模タイプ。分譲引き渡しが終わって7年ほどたった頃に、ちょっとした事件が発覚した。常駐していた管理会社の社員が、組合の資金を1500万円ほど横領していたことが発覚したのだ。

そもそも一帯の再開発に伴って建設されたマンションで、元の住民たちが権利者住戸や店舗を合わせて100戸以上所有していた。再開発なのだから、マンションの建設が始まるまで何年にもわたって話し合いが行われている。その間、いがみ合いも当然あっただろうが、結局は合意に達したので、それなりの結束もある。さらに「自分たちは地主だったのだ」という、妙なプライドで横につながっている。だから、新しいマンションにおける利権も、お互いにかばいあいながら上手にわけ合っていたのだ。

ところが、管理会社の社員が1500万円ほど持ち逃げしたことで、この利権構造が新しい住民たちの知るところとなった。「そんなことが起こるのか」ということに疑問を感じた新住民の中の会計専門家が、それまでの総会議事録や会計簿などを徹底調査したところ、驚きの実態が判明した。

まず、マンションの共用施設に置かれている植栽類は、すべて地権者が経営する花屋に市場価格の2倍で発注されていた。床の清掃業務を高額な業務委託料で受託していたのも、地権者の親戚企業。駐車場の割安区画は、すべて地権者たちが独占。共用施設の利用率も、なぜか地権者たちに偏っていたのだ。

それを知った新住民たちは管理組合の改革に向けて立ち上がった。会計や法律、経営のコンサルタントなどが組合員にいたのが幸いした。彼らは静かな運動を起こして、地権者で固められていた理事会を変革。まず、改革派が理事会をリードする体制を築いた。当然、理事長も改革派のリーダーが就任。改革の第一弾として、地権者たちとの癒着が強い管理会社を変更。さらには、新しい区分所有者に呼びかけて、地権者たちに有利な条項が盛り込まれていた管理規約まで変更した。このマンションの管理組合には、年間3億円以上の収入がある。地権者たちの理事会は、それを半ば自分たちの財布のように使っていたのだ。

もっとも、このように改革が成功した管理組合は少ないはずだ。現実的には、多くの管理組合で一部の理事たちによって組合の積立金が食い物にされていると推測できる。逆に、お人好しばかりの管理組合では、管理会社にたっぷりと利益を吸い取られている。

2015年11月、マンション管理史上最悪ともいえる横領事件が発覚した。新潟県南魚沼市にある「ツインタワー石打《いしうち》」というマンションで、16年もの長きにわたって理事長を務めていた公認会計士の男性が、組合の資金11億7800万円を横領していたのだ。このマンションは576戸のスケール。一戸当たり200万円超が横領されたわけだから、16年間に積み立ててきたほぼ全額を持っていかれたことになる。

絶対権力というのは絶対的に腐敗する。マンションの管理は多くの人が自覚していないだけで、それなりの「利権」なのだ。そこには必ずと言っていいほど甘い汁を吸おうという輩が吸い寄せられてくる。そして、そういう輩は内部からばかり出てくるのではない。実は新築マンションの引き渡しを受けた時点から、すでに甘い汁を管理会社によって吸われ始めているのだ。

管理の不正によって一気に格が落ちる

そもそも「ツインタワー石打」は、越後湯沢近辺のリゾートマンションとしては比較的評価の高い物件だった。事件発覚前は狭い住戸で50万円、デラックスな住戸だと500万円くらいが売り出し価格だった。本書の執筆に際して改めて調べてみると、安い住戸は20万円。高い住戸は300万円台に下がっている。一住戸について200万円超も管理組合会計のビハインドがあるのだから、もう少し下がってもよさそうなもの。しかし、悪くない物件であり、「湯沢」なので価格の下限は20万円なのだろう。

また、新聞などで報道されたものの、事件自体は一般にはあまり知られていない。横領された11億7800万円が返却されていないと、いずれ大規模修繕工事を行う時には全区分所有者から一時金を徴収しなければならない。そういう事実があったことは、新たな購入者に交付する重要事項説明書に書かなければいけないはずだ。

マンション管理の「お仕着せ4点セット」

新築マンションを購入すると、さまざまな書類にハンコを押すことになる。もっとも大切なものは「売買契約書」。次いで「重要事項説明書」。その他にも実はたくさんある。「管理規約集」とか「管理委託契約書」。さらには「長期修繕計画書」というのもあるはずだ。たいていの人が「はいはい」とハンコを押してしまう。「大手のデベロッパーだから、ヘンなことはないだろう」と信用する人がほとんどだろう。

そして、晴れて引き渡し。家族とともにご入居。たいていの人にとって、新築のマンションに暮らし始めるのはウキウキ気分だ。出がけには、管理員さんが毎朝笑顔で挨拶してくる。

「おはようございます。行ってらっしゃいませ」

なんだか自分がえらくなったかのような気分にさせてくれる。そうこうしているうちに、あっという間に1年が経過。管理組合から「第1回定期総会開催のお知らせ」という、けっこう分厚い書類が送られてくる。そこには「議案事項」「決算報告」「来年度予算」などという項目が盛り込まれているはずだ。総会に出席すると、議長役の理事長が前に座っていることだろう。

「ああ、この人が理事長だったんだ」

大部分の人は、その時に初めて理事長の顔を確認する。その左右をがっちり固めているのは理事さんたち。背後あるいは横にうやうやしく立っているのが、管理会社の担当者(フロント)。

「ああ、そういえばこの人よく見るなあ」

フロントさんは、マンション内でいつも愛想よく振る舞っている。

第1回の定期総会では、普通なら深刻な議案が出てくることはないだろう。決算と予算を承認して次期の理事を決めたら終了。しかし、デキる理事会ならここでシャンシャンで終わらせずに、「管理規約の改正」という議案を出してくる。管理規約とは契約の時に渡され、同意のハンコを押した書類のひとつ。

「管理規約の第○条○項は……となっていますが、これは本マンションの……である事情には不都合ですので議案書○ページ○項のように変更したいと考えます」というように、管理規約には必ず改正すべき点が見つかる。なぜか？

それは、大手デベロッパー分譲マンションの管理規約が基本的に統一フォーマットを元にしているから生じること。マンションには物件によってさまざまな個別事情があり、時を経るに従って個別の事象が起こる。本来、それらを想定して管理会社の担当者が条項を改編しているはずなのだが、現実に起こることは本当に現実にならないとわからない。だから、そういった管理規約の不具合に気づいた理事会は、第1回の総会から管理規約の変更を議案にする。しかし、そんなことができる管理組合はごくわずか。ほとんどの第1回定期総会はシャンシャンで終了。そして、そのマンション固有の問題はどんどん深く潜行して、見えないところで傷口を広げる。

新築マンションは、購入契約をした時点で重要な次の4点が、購入者の意思を何ら反映せず「お仕着せ」に決まっている。
1　管理規約
2　管理会社

3　管理費・修繕積立金
4　長期修繕計画

この4点は、管理を行う上での最重要項目だ。それが、購入者の意見をまったく聞かずに決められてしまっているのが現実。実のところ、この慣習こそが「おかしい」のではないかと私は考える。

「そんなもの、後から変えられるでしょう？」

そのとおりだ。管理の主体は管理組合。理論的には管理組合はこの4点を全部自主的に決められる。そして、管理組合を構成するのは区分所有者（購入者）。最終的には区分所有者の意思によって、この4点の中身が決まるのだ。しかし、そこには手続き上相当の困難さが伴う。

1点目の「管理規約」。これはそのマンションにとっての「憲法」にあたる。だから、変更するにはとても高いハードルが設けられている。たとえば、日本国憲法を改正するには衆参両院でそれぞれ総議員の3分の2以上の賛成決議と、国民投票における投票総数の過半数の賛成が必要だ。かなりハードルが高く、だからこそこれまで改憲は実現していないともいえる。

一方、マンションの管理規約変更は、ほとんどの場合で「区分所有者の4分の3以上の賛成」を必要とする。100戸のマンションなら75戸以上。計算上では憲法改正以上に高いハードルなのだから、はっきり言って大部分のマンションにおいて管理規約変更には大きな困難が伴う。

前述した、元の地権者がやりたい放題に管理組合を私物化していたマンションでは、改革派が主導してこの4分の3決議を実現した。元の地権者たちは、改革派の理事会がまさかそこまでやってしまうとは想像もしていなかったようで、かなり驚いたという。

築10年ほどのマンションになると、総会への出席と委任状の提出を合わせて、やっと半分を超えて定足数を満たすマンションが多い。それを75％以上の出席と委任状を集めるだけでも大変なのに、その大半を賛成票にしないといけないからだ。

となると、この「4分の3議決」ができる管理組合は少数だろう。もし実現しようとするならば、新築で入居してから5年以内が勝負だ。それくらいまでなら、まだ多くの区分所有者の関心も高く、総会に出席したり委任状を出してくれる。

しかし、100戸以上のマンションで、築10年を経過するとかなり困難だ。だから、この「お仕着せ4点セット」の1点目はずっと「お仕着せ」のままの可能性が高い。2～4点目については、総会における出席もしくは委任状等の過半数で決議できる「普通決議」で変えられる。たとえば１００戸のマンションの総会に59戸が出席・委任状等の提出があったとして、そのうち30議決権（住戸）の賛成があれば可決となる。

とは言え、2点目の管理会社の変更（リプレース）というのは、やはり簡単ではない。

長期修繕計画は管理会社の「長期収益計画」

管理会社というのは、たいていの場合、そのマンションを分譲したデベロッパーのグループ会社だ。もちろん、競争なしで管理委託契約を受注している。だから普通に考えれば、ボラれている、と言える状態。管理会社を変更すると委託料は2割ほど減らせる、というのが不動産業界内の通説になっている。したがって管理会社の変更は本来積極的にやるべきことなのだ。

前述のように、管理費や修繕積立金をいくらにするかは、売主のグループ会社が新築時に決めている（もちろん、自分たちの利益が出るように数字を作ったはず）。長期修繕計画に至っては、たいていが噴飯ものだ。まず、修繕積立金は入居後5年くらいから徐々に値上げをしていき、15年後あたりで最初の3倍、というような計画が一般的である。さらに、13年目には「外壁補修を伴う長期修繕計画の実施」、そして25年目に「第2回大規模修繕工事の実施」というのがあったりする。先にも触れたように、大規模修繕工事をする必要など、微塵《みじん》もない場合が多々ある。

なぜ、そのような計画になっているかというと、管理会社が長期にわたって確実に利益を上げるためとしか思えない。

後述するように、長期修繕計画の中にある大規模修繕工事は、管理会社が自ら受注しているケースが多い。彼らはそこで多大な利益が上げられるから、長期修繕計画の中で12~13年ごとに一度の割合で大規模修繕工事を予定に入れる。そのための必要な予算は、販売時点の低い修繕積立金では確実に足りなくなるので、数年ごとの値上げも予定されている。

マンションは1棟ごとに設計も違えば施工精度も異なる。大規模修繕工事が必要なほど建物が傷んでいるかどうかは個別に判断すべきであり、すべてのマンションに対して「13年に一度」などという硬直的なルールはなじまない。

つまり、管理会社がマンションそれぞれの施工精度などをまったく考慮せず、一律に

「13年に一度の大規模修繕工事」などを盛り込んで作成する長期修繕計画とは、自分たちが長期にわたって売り上げを確保するための「長期収益計画」に他ならない。

この「お仕着せ4点セット」が、いかに管理組合にとって不都合であり、逆に管理会社にとって「やりやすい」仕組みになっているかが、おわかりいただけたかと思う。

管理組合がおとなしくしていると、管理会社にどんどん搾取される。管理会社とはある意味、管理組合にとって「油断も隙もない」人たちだと考えた方が正解。管理組合の理事たちは、そういう緊張感を持って自らに課せられた役割を果たしていくべきだろう。

コンサルタント導入で劇的に改善することも

マンションの管理業務に休日はない。365日24時間体制を取る必要がある。漏水やエレベータの故障はいついかなる時に起こるかわからないし、それぞれ早急な対応が迫られる（管理員がマンションに常駐しているか否かは関係ない）。

したがって、新築マンションは最初の入居が始まった時点から管理業務が行われていなければならない。だから分譲会社があらかじめ管理会社を選定しておく。これはある意味仕方がない(とはいえ、購入者にまったく選択権がないというのは、おかしな話だが)。

マンションの管理業務というのは非常に地味な作業の連続で、攻撃的な要素はほとんどなく、ほぼ守備に徹するのがマンション管理業務の実態だ。ところがこのマンション管理というのは、地味ながら「おいしい」事業分野である。大手系列の場合は、親会社から仕事を回されるので、ほぼ無競争で新規契約が増えていく。年々管理戸数は自動的に増えるから売り上げも伸びる。ある意味、成長産業であることが約束されている。

さらに、本来の管理業務以外に修繕工事を請け負う場合も多い。ほとんどの管理会社は自社で修繕工事を施工できないから、請け負った工事はほぼ外注。「右から左」で利ザヤが稼げる。とりわけ、大規模修繕工事はかなり「おいしい」。管理会社が請け負う場合の利益率は2割から4割と言われている。ところが、管理組合がしっかりしている場合は、やや事情が異なる。工事の統一仕様書を作成して、専門の施工企業数社から相見積もりを取る。そういう場合、管理会社が請け負えるケースは少ない。

日常の管理業務でも構造は同じ。そもそも新築時に親会社から回された物件の管理を受託している管理会社は、日常の管理業務でもしっかりと利益を乗せた額を請求している。逆に言えば、そうしたマンションの購入者は割高の管理費を支払っていることになる。管理会社というものは日常業務にさして問題はなくても、一度は変更を試みるべき、というのが私の持論だ。

そもそも、管理会社は管理組合が主体となって選ぶべきものだ。それによって管理費が安くなるのなら、なおさらである。管理会社を変更する場合、当たり前だが現状の管理会社は協力してくれない。したがって管理組合幹部に煩雑な業務の負担がかかる（特に理事長は大変だ）。

しかし、この分野には有能なコンサルタントが何人かいる。彼らに報酬を払っても余りある額を低減できるのだから、そういった専門家を大いに活用すべきだろう。これからの時代、既存のマンションは管理に磨きをかけて、少しでも他のマンションとの格差をつけて資産価値の高評価を狙うべきなのだ。

管理を磨けば資産価値は向上する

今、日本全体で住宅が８００万戸以上も余っている。そんな状況の中、新築マンションの供給は今後徐々に細っていくはずだ。あと20年もすれば、新築マンションの市場への供給は今の1割未満にまで減るだろう。なぜなら、あまりにも価格が高くなり、富裕層の趣味的な住まい選びの対象でしかなくなるはずだからだ。

アメリカやイギリスでは中古住宅が市場の主役であるように、日本でもいずれそうなる。その場合、マンションについては当然ながら立地の評価が第一だ。しかし、同じエリアの中の中古マンション同士が競合した場合、高い価格でも買い手がつくのは建物の状態がよくて管理の行き届いた物件になる。

建物を良好な状態に保つためには、建設時の施工精度が最も重要。しかし、そのあとのメンテナンス具合によっても相当違ってくる。そういったメンテナンスを行うのは、他ならぬ管理組合だ。管理組合が機能していると建物は美しく保たれる。共用部分に流れている空気は、清々《すがすが》しくて穏やかだ。管理の良し悪しは、そのマンションの雰囲気に影響する。

マンションの区分所有者にとって、自分たちの住まいの資産価値を高めるためにできることは、マナーを守って暮らすことの他に、管理の質を高めることぐらいである。管理組合の理事会に入って活躍できればベストだ。しかし、忙しかったり性格的に向いていないということであれば、その活動を静かに厳しく見守るだけでもいい。そして、総会にはきちんと出席するなり、議決権行使書を提出するなりして区分所有者としての義務を果たすべきだ。

市場から高く評価される中古マンションというのは、管理組合が健全に機能しているケースが多い。逆に、管理組合がうまく機能していない場合は、いずれ市場から厳しい評価を突きつけられることになる。

第7章

マンション「格差」大競争時代への備え

――賃貸と分譲を比較検討する

図表6　総住宅数、空き家数、空き家率の実績と予測

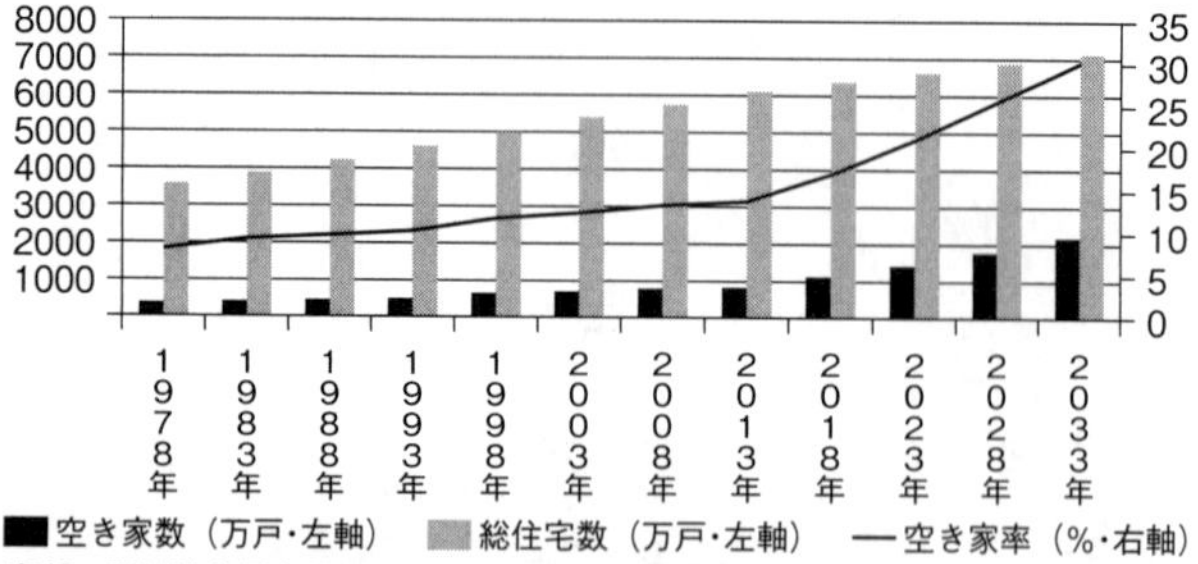

出所：野村総合研究所 News Release（2015年6月22日）

空き家率20％時代の恐怖

これまで指摘してきたように、日本ではすでに大量の住宅が余っている。それも2013年時点で全体の13・5％、820万戸弱の住宅が余っているのだ。この調査は5年ごとに行われる。次に発表されるのは2019年。東京オリンピック・パラリンピックが開催される前年だ。

実のところ、2013年の調査には東日本大震災の影響があって、私が予想したよりも低い数字が出ていた。あの大地震によって、東北を中心に数十万戸の住宅が失われた。それがなければ14％台に達していたのではないかと推測する。

それでいて、この国ではマンションや一戸建ても含めて毎年100万戸に近い数の住宅が新たに建設されてい

る。何とも不思議なことである。2015年6月に公表された野村総合研究所のリリースによると、2023年には空き家率が21％に達するという（図表6）。実に5戸に1戸が空き家となる社会が東京オリンピック・パラリンピックの3年後にやってくるのだ。

その時、自分たちが住むマンションの資産価値はどうなっているのだろう？　あるいは、マンションの格差はどのようになっているのか？　本書の締めくくりとして、以下、総括を試みたい。

勝ち組と負け組の差

間違いなく言えることは、これからの時代は既存のマンションにとって、お互いの資産価値を競い合う大競争時代に突入する、ということだ。勝ち組に入れば、エリアの住民から高く評価されるとともに、比較的高い価格で取引される。売り出した場合は短期間で買い手が見つかる。賃貸に出しても、借り手が見つけやすい。

ところが、「あのマンションはちょっとヘン」とか「管理組合がゴタゴタしている」、あるいは「よく事件が起きる」といったイメージを持たれてしまうと、資産価値が下がる。賃貸に出しても安い賃料でしか決まらなくなる。

人気エリアであっても、そういう格差は顕著に現れてくるだろう。たとえば、高層マンションの場合は「飛び降り自殺が多い」物件は敬遠される。なぜなら「管理が悪い」と思われるからだ。飛び降り自殺をする人は、そのマンションの住民でないことがほとんど。自殺目的の人に侵入を許してしまうのは、やはりセキュリティ上の問題があることを意味している。

第3章でも書いたが、民泊の利用者が目立っているマンションも評価が下がる。分譲マンションの居住者にとって、他の住戸が民泊に使われるのは、「ただの迷惑でしかない」からだ。これからの時代は民泊を巡るトラブルが増えてくるだろう。また、第6章で紹介した湯沢のマンションのように、前の理事長が管理組合の資産を何億円も横領したようなことがあっても、資産価値は確実に下がる（今の時代、そういうことを隠しきれるものではない）。

一方で、外観を美しく維持し、年月を経るに従って熟成の味わいが出てきているマンションや、常に敷地内を清潔に保ち、整理整頓が行き届いているマンションは高く評価される。空き家率が20％を超えるということは、購入や賃借を希望する人にとって「よりどりみどり」で選択肢が広がる、ということなのだ。

もはや、かつて住宅が不足していた時代の「売ってやる」「貸してやる」といった上から目線の意識は通じないどころか、逆効果だ。時代は「買い手優位」、「借り手優位」に変わっていく。マンションの区分所有者側も、いち早くそうした意識の転換が必要だ。

「駅からの距離」の重要性

もしあなたがこれからマンションを購入しようとする場合、どうすればいいのだろうか？　まず「勝ち組」のマンションを選ぶことだ。みんなが住みたくなるような、あこがれのエリア。あるいは「街の連続性」が感じられ全体的な需要があるエリアを選ぶ。

次に、駅から最低でも10分以内にこだわりたい。できれば5分以内が理想だ。理由はカンタン。住まいを探す人は、買うにしろ借りるにしろ、住宅のポータルサイトで物件を探す。SUUMOやHOME'Sといったサイトだ。

まず、希望の駅を選んでから、検索条件を絞っていく。次に、駅から「5分以内」。徒歩1分＝80ｍとした場合、5分ならばおおよそ400ｍ以内となるが、そこで希望の

図表7　最寄り駅までの距離別の住戸割合と空き家率

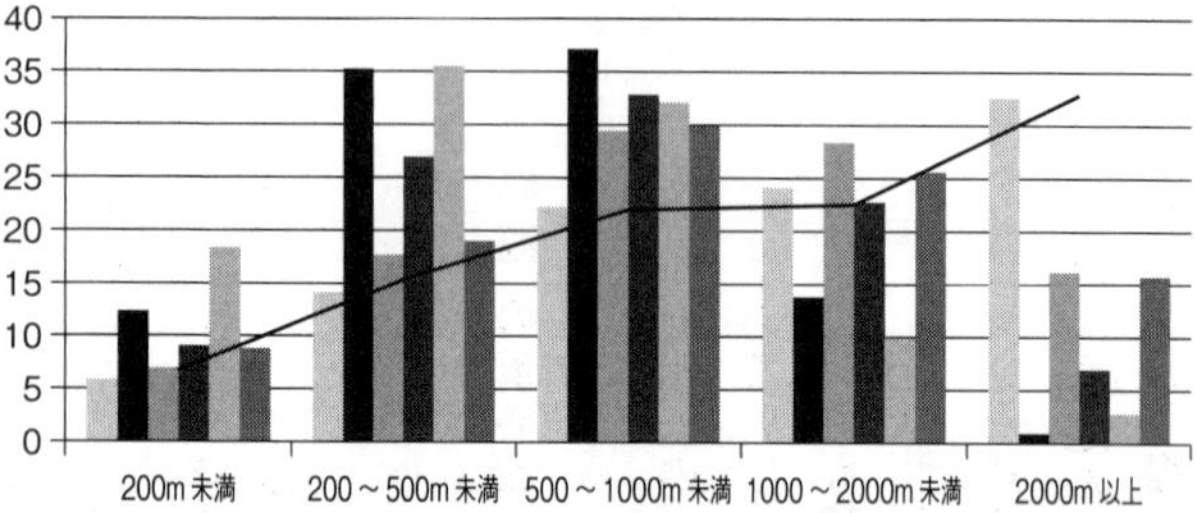

左から順に　全国　東京23区　横浜市　名古屋市　大阪市　福岡市
一空き家率（いずれも%）　出所：総務省統計局「平成25年　住宅・土地統計調査」

物件が見つからなければ「徒歩10分以内」に広げる。それでも希望の物件が見つからなければどうするのか？　現状、「徒歩15分以内」まで広げる人はかなり少ないだろう。

参考までに、２０１３年時点の総務省の調査（図表7）を見てみても、駅から住宅（マンション等の集合住宅や一戸建てなど）が離れれば離れるほど、空き家率は増えている。

これが、空き家率が20％超の時代となった場合はどうなるのか？　おそらく、大多数の人が「徒歩15分以内」のマンションはスルーするだろう。「駅徒歩11分」であっても、「駅徒歩10分」に比べたら検討者が何倍にも違ってくるはずだ。それではいくら売ろうとしても、なかなか購入希望者は現れないはずだ。

首尾よく人気のエリアに徒歩10分以内のマンションを

購入できたとしよう。しかし、それはゴールではない。むしろ、ある意味ではスタートだ。そのマンションの管理がどうなっているのか、中古だったらあらかじめある程度はわかる。新築だったら、それこそゼロからのスタートだ。

まず、管理費や修繕積立金が平均よりも高いマンションは嫌われる。すばらしく管理が行き届いていて、サービス内容が充実しているのなら、まだ救いがある。そうではなく、払っている額に見合わない管理サービスしか提供されていないのなら、躊躇《ちゅうちょ》なく管理会社の変更を考えるべきだ。あるいは、管理会社に業務委託の内容と料金の再考を促すべきだ。こういう場合、何事も自分の考えだけでは進められないのが分譲マンションのもどかしいところ。

管理組合の運営というのは政治の一種。政治とは、すなわち利害調整。

マンション格差時代、管理を磨かないと負け組に落ちる。

ところが、自らが主導して管理の質を高めるには、まず管理組合の理事長にならなければならない。理事長になるには、理事たちの同意を得なければならない。同意する理事は、言ってみれば自分の理解者、賛同者。これは、誰にもできることではない。理事長になりたいと思っても、なれない場合もある。また、人間的になるべきではないお方もいる。分譲マンションの管理組合というのは、とかく難しい社会である。

ならばどうすればいいのか――ここで一考の余地があるのが、分譲と賃貸の比較である。

「賃貸vs.分譲」は「神学論争」

駅の構内などに無料で置かれているマンション情報誌が、年に何回も「賃貸vs.分譲」といった特集を組んでいるのを見かける。分譲マンションの広告で成り立っている情報誌なので、きっと「……だから買った方がお得」という結論になっているのだろう。

私はこの「賃貸vs.分譲」企画については、「神学論争」と呼んでいる。いくらやったとしても、結論なんて出ない。損か得かの判断は、個々のケースによって分かれる。さらに言えば、最後は個人の価値観の問題だ。

しかし、みなさんが知っておいて損のないことはいくつかある。

まず、日本の住宅設備には「賃貸仕様」という奇妙な商品群がある（聞くところによると、これは外国にはないそうだ）。

2008年9月にリーマンショックが起こった後、それまで膨らんでいた「ファンドバブル」がはじけた。「ファンドバブル」というのは「不動産ミニバブル」とも呼ばれる、2005年頃から08年までの不動産価格の異様な高騰を言う。なぜ「ファンド」かというと、最初に海外で組まれたファンドマネーが、日本の不動産市場にどっと流れ込んだのだ。それを見て、国内でもいくつか大きなファンドが立ち上がり、そして不動産を棟単位で買い漁ったのだ。当然、不動産の価格は急騰する。マンションの価格も急激に上昇した。これが、リーマンショックで一気にはじける。

ファンドは出資者に利回りを配当するので、マンションに投資した場合はすべて賃貸に回していた。だから、何社かの不動産会社がファンドに売却するための大規模なマンションを次々と建設した。ところが、リーマンショックで海外ファンドが撤退すると、国内ファンドは軒並み破綻。ファンドが買うはずだった賃貸用の大規模マンションが、いくつも宙ぶらりん状態になってしまった。とは言え、建設した側としては費用を回収しなければならない。そういった「賃貸仕様」の大きなマンションが、急遽《きゅうきょ》「分譲マンション」として売り出されたのである。

私が知っているのは、神奈川県川崎市の武蔵小杉や東京都港区のタワーマンションなど。いずれも、それなりの家賃で賃貸に回されるために作られていた。ただし、「賃貸仕様」であることには変わりがない。モデルルームを見た方に話を聞くと、ほぼ一様に「仕様が悪かった」とおっしゃっていた。そこは高級とは言っても「賃貸仕様」の限界だろう。

分譲仕様と賃貸仕様の差

賃貸と言っても、分譲に負けないくらい上質に作られたマンションも数は限られているが、あるにはある。一例を挙げれば、東京都港区の六本木ヒルズのレジデンス棟のような超高級マンション。しかし、そういう物件はレアケースだ。

一般的に、法人、個人に限らずオーナーが賃貸経営するために建設するマンションは、ほとんどが賃貸仕様である。たとえば、賃貸マンションではキッチンの天板はほとんどがステンレスだ。しかし、分譲マンションのキッチン天板がステンレスということは、あまりない。人造大理石か天然大理石であるのが一般的だ。

しかし、人造大理石天板のキッチンとステンレスのそれとでは、価格が何十万円も違うかというと、実はそうではない。洗面化粧台やユニットバスも同じ。3LDKの一住戸で、賃貸仕様と分譲仕様の金額の差はおそらく100万円程度ではなかろうか。しかし、30戸の賃貸マンションを建設する場合、建築費の総額は3000万円違ってくる。オーナーとしては、賃貸に出せる家賃に差がないのなら3000万円も余計に払いたくないだろう。だから、見た目は多少チープでも賃貸仕様を選ぶことになる。

では、賃貸派は一生低仕様のマンションにしか住めないのだろうか？　そんなことはない。なぜなら、多くの分譲マンションが賃貸運用するために購入されているからだ。たとえば、2015年に東京都心で買われた新築マンションの何割かが相続税対策だったことがニュースで報じられ、話題を呼んだ。あるいは、湾岸エリアのタワーマンションは、3割程度が外国人に買われたと推測できる。そういった分譲マンションに、購入者が住むケースは少ない。ほとんどが賃貸に回されている。

だから、そういった「賃貸に出されている分譲マンション」を選んで借りれば、賃貸でありながら分譲仕様のマンションに住めるというわけだ。

「分譲仕様のマンションは、賃貸仕様に比べて家賃が高いのでは？」

一般的にはそう考えがちだが、実際は違う。一部の都市を除いて、賃貸市場は供給の過剰感が強い。「分譲マンションだから」という理由で家賃を高めに設定すると、賃借人が付きにくくなる。だから、分譲マンションでも周辺の賃貸仕様マンションと同レベルの家賃に設定しているケースが意外と多いのだ。

マンション「廃墟化」のシナリオ

読者のみなさんは、分譲マンションの方が賃貸マンションよりも「格が上」だと考えているかもしれない。実際、前述のように賃貸の仕様は分譲のそれに比べてチープなことが多い（六本木ヒルズのような例外もあることは述べた）。

ここではマンションの「寿命」という点で、両者を比べてみたい。実は、法制度の面から見ると、賃貸マンションの方が分譲よりも建物の寿命が長くなる仕組みになっている。まず、分譲マンションには住戸ごとに区分所有者がいる。実はそこが一番の問題なのだ。一方、賃貸マンションの場合は、たいていが個人か法人のワンオーナーだ。

前述の通り、大規模修繕工事の必要云々はさておき、鉄筋コンクリート造のマンションといえども、メンテナンスは必要である。そして、メンテナンスにかかる費用というのは築年数が長くなるほど嵩んでいくものだ。メンテナンス費用を払うのは、分譲マンションの場合だったら管理組合。つまり、各区分所有者から毎月徴収する修繕積立金が原資となる。これに対し、賃貸マンションの場合はオーナー。通常は賃料収入の一部をプールしておき、修繕の必要が生じた場合にそこから支出する。

さて、分譲マンションの場合は管理組合が中心になってメンテナンスを行う。そして修繕工事のための支出には、管理組合が開く総会での決議が必要となる。数十万円程度の軽微な修繕工事なら総会でモメるようなこともないが、大規模修繕ともなると小さなマンションでも数千万円、１００戸以上なら億を超えることも珍しくない。

大規模修繕工事をめぐって紛糾する管理組合は少なくない。というか、誰かが作った大規模修繕工事案がすんなり決議されることの方が少ないのではないか。多くの管理組合で大規模修繕工事をきっかけに人間関係が険悪化しているのだ。

人間関係が多少おかしくなっても、メンテナンスがしっかりできていれば、まだいい。しかし、管理組合が機能不全に陥れば、必要なメンテナンスすら行われなくなるかもしれない。分譲マンションの場合、建物が老朽化していくと住民も高齢化が進む。とりわけ、郊外型のファミリーマンションになると住民の流出や流入が少なく、新築時の購入者がそのまま何十年と住み続けていることも多い。マンションによっては、築40年もたつのに新築時の住民割合が60％という例も見られる。

さらに郊外型マンションの場合、本書の「まえがき」で示したケースのように、築40年近くを迎える頃には資産価値が数百万円程度まで落ちているケースも多い。売却して都心の便利な場所に移住しようとしても、経済的に不可能になった高齢の区分所有者が住み続けているのである。

加えて、40年前に定められた修繕積立金を一度も値上げしていなかったりする。こういった場合、どうなるのか？ 当然、修繕積立金が足りなくなる。必要なメンテナンスのための予算が取れない。建物はどんどん薄汚れ、壊れた設備は放置され、管理は行き届かずマンション全体が荒廃する。

時に活発な区分所有者が現れて管理組合の理事や理事長に就き、管理費や修繕積立金の値上げを提案しても、経済力のない高齢者たちの反対にあってうまくゆかない。そうなれば、もはや廃墟になるのを待つしかない。

賃貸マンションの場合はどうか。法人であれ個人であれ、オーナーが経済的に困窮していない限り、建物にとって必要なメンテナンスを行うだろう。何と言っても、それを怠れば賃借人に逃げられて家賃収入が入ってこなくなる。また、経済的に困窮すれば1

棟ごとオーナーチェンジで売却されることもある。購入したオーナーも賃貸収入を得るために必要最低限のメンテナンスは施すはずだ。

今の区分所有法は各区分所有者の権利を強く保護している。そして、区分所有法の基になっている民法においても、私有財産権が強く保護されている。ある意味、今の日本は私有財産保護の水準が世界一かもしれない。なぜなら、未だに一部の地主が土地を売らないので、成田空港は当初の計画通りではない状態だ。あそこまで私有財産権を守っている国は、日本の他にあるのだろうか。

しかし、その私有財産保護をしっかりと守っている区分所有法があることで、老朽化した分譲マンションの多くが廃墟化の危機を迎えている。一方、ワンオーナーがすべてを決められる賃貸マンションは、賃貸収入を得るために必要なメンテナンスが施されやすい。分譲と賃貸のマンションの違いを建物の寿命という視点で見ると、明らかに「賃貸が有利」という光景が映し出される。

地域による賃貸の賃料格差

前述したように、野村総合研究所によれば、2023年には空き家率が21%に達すると予測されている。マンション自体の資産価値も大きく減じることは確かだろうし、マンションの賃料も下落するはずだ。

そういった賃料の下落は、はやくも一部の地域で顕著に見られる。たとえば、北海道の札幌市では、中心部から少し離れたワンルームマンションの賃料が1万円台まで下がっているという。地方だけではない。首都圏は神奈川県相模原市の淵野辺駅から徒歩11分以上になると、同じくワンルームマンションの賃料が2万円を切るものまで出てきている。

また、2015年の1月から相続税の課税基準が変わった。これに対して、課税評価額を下げようと都心のタワーマンションを購入した富裕層も多かったが、所有地にアパートを建設したケースもかなりあったと見られている。

その結果、不動産調査会社タスの調査データよると、ここにきて東京23区や東京市部、神奈川県や千葉県では、アパートの空室率が急速に上昇し、30％を超えているエリアが激増している。当然、賃料の下落圧力となるだろう。

不動産といえども、その取引価格は最終的に需要と供給の関係で決まる。供給が多ければ、賃料も下げざるを得ない。

賃貸マンションに対する需要も、そのほとんどが「住むため」なので、アパートと同様のことが言える（「このマンションの賃料、値上がりしそうだからもう1戸借りておこう」などという需要はほとんどない）。住む人が多くて物件が足りないと、賃料は上昇するだろうが、その反対だと下落する。札幌市や相模原市の例が、如実にそれを表している。

賃貸派にマンション格差は関係ない？

マンション格差が拡がる時代、その影響をまともに受けるのはあくまでもオーナーたち、つまり区分所有者たち＝管理組合の構成員である。

しかし、賃貸派が気にする必要があるのは、せいぜい住み心地や賃料水準。管理の行き届いた分譲仕様のマンションに住んでいれば、言うことなし。仮に住み心地が悪かったり、管理状態がよくなくて不愉快な目にあっても、引っ越せばいいだけである（多少の費用はかかるが、それで問題はほぼ100％解決する）。

また、世間的には評価の高い分譲マンションであっても、都心なら常に何戸かは賃貸募集しているケースがほとんどだ。空き家率が20％を超えるような時代になると、ますます賃貸住戸の空室も多くなるはず。世間から「ヴィンテージマンション」という評価を受けているマンションでも、ちょっと背伸びをして賃貸で2年ほど住んでみるのも悪くない選択だ。また、自分や家族の転勤や転職、子どもの進学などに合わせて定期的に引っ越しをする暮らしも悪くない。

世間的には「引っ越しはできるだけ少ない方がいい」と考えている人が多いようだが、それはいい悪いの問題ではなく、価値観の違いである。「いろいろな街に住みたい」という人は一定数いるものだし、もちろん、引っ越しが多いからといって人生が不幸とは限らない。

世界には農耕民族である日本人のような定住志向の民族もいれば、定住地を持たない遊牧民の子孫もいる。日本人の定住志向が強いからと言って、遊牧的な生き方を非難する必要はないだろう。何よりも、賃貸住宅に住んでいれば自宅のマンションの格差を気にする必要はない。気に入らなければ引っ越せばいいだけ。引っ越し総経費は、今や家賃の4ヵ月分くらいが相場になっている。

ちなみに年収を何億円も稼ぐような人でも、賃貸派が多いようだ。彼らの話を聞いてみると、分譲マンションを購入しないのは我々とは違った理由による。どうも彼らは、分譲マンションを購入して区分所有者となり、管理組合の一員として時には理事になる義務を果たしたり、総会で議案に票を投ずるようなことを意図的に避けているように思える。つまり、彼らはそういった面倒なことにはかかわらない自由を守っているのだ。

そのため豪華なマンションに賃貸で住み、家賃を100万円以上払っても大した負担に感じないのだろう。賃貸である限りいつでも出ていく自由がある。そして、管理組合の理事長が資産を横領しようが、欠陥マンションだろうが、自分にはほぼ関係ない。不都合が生じても、引っ越せばすべて解決する。

賃貸は、マンションの格差を気にせずに人生を過ごせるひとつの選択肢であることは確かだろう。

それでも「マンションを買う」意味

私は日ごろからマンション購入に関する相談を承っている。メールなら初回は無料で2回目以降が有料。面談は最初から有料。相談者には、事務所にお越しいただいている。

ご夫婦で相談に来られる方が多い。私もそれをおすすめしている。マンション購入というのは、夫婦の両方がある程度同意しないと決まらない。またそうであることが望ましい。どちらか一方に強力な不満のあるマンション購入は、のちのちのよくない展開に結びついたりする。だから、ご夫婦が互いに納得することが必要条件。

大きな傾向として、マンション購入については奥様の方が熱心である。旦那様は「僕は別に買わなくてもいいのだけど、買うのなら……」という控え目なスタンスの方が多い。

これには理由がある。一般的に、奥様の方が自宅にいる時間が長い。掃除や洗濯、炊事といった家事についても、奥様がされる割合が高いはずだ。つまり、ほとんどの家庭では奥様の方が自宅に長い時間滞留し、キッチンや洗面、バスルームといった水回り機能をより多く、長く使用する。そういう自宅が「借り物」ではなく、未来永劫の「所有物」＝お気に入りのキッチンなどを望むのは自然だろう。

さらに、女性の場合は「子どもを産み育てる」という貴重な能力を生物学的に備えている。出産や育児には、安全と安心が得られる場所が必要である。それを求める本能が、家は「借りる」よりも「買う」という指向につながっているのではなかろうか。

私は、マイホームを持つことの最大の効用は「安心感」と「安定感」だと思っている。先に日本人は定住性の強い農耕民族であると述べた。私たちの中には「ひとつの場所にずっと住み続けたい」という〝遺伝子〟が埋め込まれているのだろう。

だから、多くの人がマンションを購入すると深い満足感や達成感を得る。それこそが、新築であれ中古であれ、マンションを購入することの最大のメリットではなかろうか。

一方、所有するということは資産を形成できる反面、リスクを背負うことでもある。所有することで格差のリスクにさらされる。欠陥建築のリスクもある。管理のトラブルに巻き込まれるリスクもある。不愉快な隣人を持ってしまうかもしれない。マンションを購入する場合は、こういったリスクを背負うことでもあることも、十分に理解しておくべきであろう。

あとがき

今後、日本には築30年や40年、そして築50年のマンションも増えていく。今でも、築20年くらいだと「まだ新しいじゃない」と思えるようなマンションがたくさんある。

マンションは鉄筋コンクリート造の頑丈な建物である。施工不良でもない限り、50年以上は住み続けられる。しかし、そのためにはいろいろと手がかかる。上手にメンテナンスをしていけば、100年以上は住めるのではないかと予想する。ただ、日本には築100年以上の鉄筋コンクリート造の建物がほとんどない。

また、躯体内で重要な役割を果たしている「鉄」は酸化が避けられない。イタリアのローマでは、2000年以上前に作られた石造りの住宅が、まだ現役だったりするとか。しかし、鉄筋コンクリートは鉄を使っているので、そこまでは無理である。いずれ終わりが来ることが確実なのだ。

ただし、新築マンションを購入した場合なら、自分の寿命よりはそのマンションの方が長く生命を保ちそうなのも確実。30年前や40年前にマンションを購入した方にもそれは言える。もう少したてば、マンションも築30年以上が当たり前になる。そこで、ますます問われるのがマンションごとの格差ではないだろうか。既存マンションによる、静かで激しい大競争時代が始まっているのだ。

この先10年から20年くらいの間で、日本はこれまで大量に建設した分譲マンションについて、その出口戦略を構築することが迫られる。今の区分所有法ではおそらく処理しきれないだろう。しかし、一人ひとりの区分所有者としては、自分の保有するマンションの価値をしっかりと保持し、「格差競争」の中で有利なポジションを維持したいと願うはずだ。

そのために、本書をお読みになったことが少しでもお役に立てば幸いに存じあげる。

特別附録　デベロッパー大手12社をズバリ診断

第1章でも指摘したように、マンションの格差を最初に決めるのは、他ならぬマンションデベロッパーと呼ばれる企業である。リーマンショック以降、デベロッパーは厳しく淘汰された。そしてその後、徐々に大手による寡占化が進んでいる。

大手各社は、一般の消費者からすれば同じように見えても、実はそれぞれ独自の開発姿勢や販売方針がある。それらの特性を理解しておけばマンションを選ぶ際に何ほどかの役に立つと考え、ここに私の視点でとらえた大手12社の特徴をご紹介したい。

これらの原稿は、そもそもあるネットサイトからの依頼を受けて書いたものだ。日頃からデベロッパーではなくエンドユーザー側に立つことを、ジャーナリズム活動の基本としている立場を十分に意識しながら書かせていただいた。

三井不動産レジデンシャル　業界のリーダー的存在

財閥系マンションデベロッパーのリーダー的な存在。ブランド名「パークホームズ」で知られているが、20階以上は「パークタワー」、大規模は「パークシティ」、高級路線なら「パークコート」等がある。

社内は大まかに2層に分かれている。上位は三井不動産からの出向組。彼らは慶応閥が強いエリート集団。優秀だけれども怜悧《れいり》。めったにエンドユーザーの前には出てこない。主体は、プロパー採用組と旧三井不動産販売社員。彼らにしたところで「業界の雄」という意識が強い。モデルルームなどでの接客は、さらにこの子会社の契約社員や派遣社員が行っている場合も多い。

デベロッパーとしてのプライドは高く、それがエンドユーザーにはやや高飛車な印象を与えることもある。２００７年に発覚した「Ｉ－ｌｉｎｋタウンいちかわ」の鉄筋不足事件や２０１５年の「パークシティＬａＬａ横浜」の傾斜問題では、初期対応のまずさが契約者や購入者の強い反発を招き、解決を難航させたという見方もある。２０１４年には「パークタワー新川崎」で施工ミスから手付金倍返しによる契約解除、２０１５年には「パークタワー晴海」で施工を中断した上で、販売活動を停止するといったトラブルが相次いで発生している。

しかし、ブランド力はマンション業界で随一であり、そこに揺るぎはない。マンション供給エリアもブランド性を重視し、首都圏では都心を中心に、城南や城西エリア、近畿圏では阪神エリアなどに偏っている（下町エリアでの供給は極端に少ない）。

そして、基本的に値引きはしない。ただし、まったくしないかというと実はそうでもなく、竣工してしまったのに価格は市場と乖離していて、どうやっても売れない郊外型ファミリーマンションや値付けに失敗したタワーマンションなどで、過去に値引きを行うこともあった。

今後、都心で販売される大規模タワーやつくばエクスプレス沿線の面開発プロジェクトなど、「販売困難」となりかねないプロジェクトを多く抱えている。そうした状況が顕在化すれば、大胆な値引きに踏み出してくることもあり得るだろう。

三菱地所レジデンス　三井に次ぐブランド力

「ザ・パークハウス」というブランドを中心に展開。会社としてのプライドの高さでは三井不動産レジデンシャルにひけをとらない。

2011年に三菱地所本体と販売会社の三菱地所リアルエステートサービス両社の住宅部門と、旧藤和不動産が統合する形で誕生した。社内は3層構造に分かれている。最上位層は本社である三菱地所からの出向組。住宅部門である同社は、本社のエリートたちにとっては必ずしも人気のある出向先ではないという。本社では慶応と東大の学閥に分かれて勢力争いをしているというから、いかにも「名門」。それに続くのが、旧三菱地所住宅販売（リアルエステートサービス）組と、旧藤和不動産OB組だと見られる。社員の給与体系もこの3層に分かれていると言われており、時に不協和音が社外に漏れ伝わってくることもある。

また、三菱地所時代は「パークハウス」というブランドが主体であったが、統合によって三菱地所レジデンスとなってからは「ザ・パークハウス」と「ザ」を冠した。さらに、旧藤和不動産が「ベリスタ」用に仕込んだ用地も「ザ・パークハウス」として事業化されたことで、供給戸数は激増したものの、ブランド力はやや陰ったと見る向きも多い。

2014年に「ザ・パークハウスグラン南青山高樹町」という超高級マンションで、

異例とも言える600ヵ所の「コア抜き」が発覚。引き渡し直前となって「手付金3倍返し」というこれまた業界でも異例の条件を用意し、購入者に対して契約解除に応じた。また、「ザ・パークハウス晴海タワーズティアロレジデンス」では、2016年に入って非常用エレベータ設置個所で施工ミスが発覚。いずれもゼネコンは鹿島であり、このコンビのプロジェクトでミスが相次いだ。

「ザ・パークハウス」ブランドも、「ほとんど値引きをしない」と思われているが、そうとも限らない。私の感覚だと、財閥系の中で最も値引きへの踏ん切りが早いのは同社。それも、時には2割以上の大胆な値引きをしている場合も見られる。三井不動産レジデンシャルのような、『ららぽーと』との一体開発」という得意技がない分、今後の事業伸長には期待と不安が入り混じる。

住友不動産　在庫を厭わない高収益追求デベロッパー

財閥系の中でも、際立った事業特性を持っているのが住友不動産だ。まず、2014年と2015年の全国マンション供給戸数が1位。2016年も1位を維持する見通しだ。つまり、最も多くの戸数を市場に送り出している最大手デベロッパーである。

その一方で、最も多くの在庫を抱えているデベロッパーであることも間違いない。その理由は、「在庫を厭わない」という事業方針にある。

住友不動産が開発分譲する「シティ」シリーズには、厚めの利益を乗せて販売されており、販売現場では「当社では上質なマンションを作っているので、価格も高いのです」といった説明がなされている。確かに、他社に比べてデザイン性や上質感が高いマンションが多い。特に、エントランスホールの豪華な仕様は、業界でもずば抜けていると言っていい（しかし、住戸に入ると意外と普通であることが多い）。

同社のマンションはほぼ１００％の確率で「完成在庫」となる。見学客は実際のマンションを見ることができるので、まずエントランスの印象で気分を高揚させ、一気に購買意欲をそそる意図がある、と業界内では理解されている。

そして、同社はかたくなに値引きはしないことで知られている。分譲しているマンションが竣工後3年たっても4年たっても、まともな値引きをしている様子はほとんどうかがえない（せいぜい諸費用程度の値引きはあるようだが）。ただし、過去には完全にマーケットアウトしている高値で売り出し、売れ行きが最悪だった超高級マンションの何物件かを、比較的大きな幅で値引きをしていた例もある（最近ではほとんどない）。

さらに、バブルの兆候が見えると販売中のマンションであっても、容赦なく値上げする（過去には売り出しを止めて、市場の値上がりを待ったりしたこともあった）。

２００３年に完成した同社分譲の「パークスクエア三ツ沢公園」というマンションで、傾斜問題が発生。住民の指摘に約10年間あいまいな対応を続けたが、ボーリング調査で杭が支持層に届いていないことが発覚。謝罪に転じて全棟建て直し方針を打ち出している。

野村不動産　竣工前に値引き開始となることも

２００２年に打ち出した「プラウド」ブランドが広く浸透し、近年著しくイメージを向上させている。また、プラウドのデザインや品質に対する評価は高い。さらに、プラウドシリーズでは大きな施工ミスが明らかになったことはない。

社内での競争が激しく、一度でもミスを犯したり既定の成果を上げられない社員は、即座にコースから外れていくと聞く。

さらに、業界内では用地仕入れの巧みさや、建て替え案件の受注力に定評がある。社内のマーケティング力も高く評価されており、その市場で販売できる「ギリギリ高値」

をはじき出す能力は抜群と言っていい。ただし、事業の進め方には幾分強引なところが見られる。たとえば、他社がとても買えない価格で土地を仕込むのは、業界内では「野村か住友」ということになっている。

そして失敗した時の「敗戦処理」が凄まじい。不動産市場が「ミニバブル」期を迎えていた頃、他社を圧倒する入札額で購入したプロジェクトが、のちに「プラウド新浦安」として事業化された。かつてないほどのボリュームの広告投下で大量集客に成功。しかし、駅からの遠さと価格の高さで、結局竣工時にも大量に売れ残った。そして、大幅な値引きに突入。値引き幅は最大で3割を超えたと言われている。

このデベロッパーは住友不動産とは異なり、完成在庫を嫌う。だいたい竣工の2〜3ヵ月前には値引きを始め、竣工後には値引き幅を拡大させて早期の完売を狙う（そういう物件の場合、販売キャンペーンの初期に購入契約を結んだ顧客は、「割高な住戸を買った」という結果になる）。

また、営業力の強さでも知られるデベロッパーである。前述のような場合でも、キャンペーン初期には「この物件は絶対に値引きをしません」と断言していたという。

大京　かつては業界の断トツ

この会社は現在、オリックスの子会社になっている。かつては何年も「マンション供給戸数1位」のポジションを守っていた。それも他を寄せ付けない断トツの1位を続けていた。「ライオンズマンション」のブランドによって、マンション居住というスタイルを日本で広めた功績は大きい。

しかし、平成バブル後に創業者を含めた経営陣が交代。三和銀行（現三菱東京UFJ銀行）の管理下で再建を押し進めたが、社内の混乱が収まらず急速に経営が悪化。2005年にオリックスの傘下に入ることで存命を図った。その後、2010年に会社更生法による再建を進めていた穴吹工務店のスポンサーとなるが、際立った成果は出ていない。

すでに昔日の面影はない。社内もオリックスからの出向組が実権を握り、生え抜きの社員は次々と去っていった状態。

かつては、業界随一の営業力を誇った。そして、マンション業界の人材供給元となって、OBたちがダイア建設や明和地所など次々と上場規模のデベロッパーを創業。リーマンショック後の不況期にほとんどが倒産したが、今も残るのは明和地所である。またグローバル住販は「孫」にあたる。

現在、新規の開発用地取得は控えていると伝えられる。ただ、これまでに取得した用地を事業化するだけでも、数年はかかると見られる。今後、大手に返り咲くことは難しいのではないか。

営業系の企業であるが、値引きに対するアレルギーはない。「売れないものは値引きしてでも売る」というスタンス。リーマンショック後の一時期、「投げ売り」とも言える値引き販売を展開したこともあった。完成在庫は値引き幅が1割超になることもあり得る。

東急不動産　東急電鉄のグループ会社だが……

ここは電鉄系の「お役所体質」と不動産系の「イケイケドンドン体質」の両面を備えたマンションデベロッパー。ブランドは「ブランズ」。三井の「パークホームズ」や野村の「プラウド」などと比べると、一段下に見られがちだ。しかし、認知度はそれなりに高い。

経営陣は、ほとんどが東急電鉄からの「天下り」だとされている。しかし、電鉄と仲がいいわけではない。ただし、最近はかなり改善されてJVも多くなってきた模様だ。

電鉄は電鉄で、独自に「ドレッセ」というマンションのブランドを展開している。東急グループというのは、同じ冠をいただいていても各社ばらばらに動くことが多く、結束力があまり強くないことで知られている。また、この会社の特徴としては東京が本拠であるにもかかわらず、近畿圏での事業展開が多い。それも、かなり根付いた印象を受ける。近畿方面の担当者に優秀な人材がいるのだろうと推測できる。

社員は、基本的にプロパーがほとんど。「東急」というブランドを意識してか、プライドは高い。しかし、不動産屋的な「生き馬の目を抜く」ような体質とは違う。その理由は、この会社の開発用地は親会社がらみで回ってくることが多く、他社との激しい競争に勝ち抜く必要が薄い場合が多かったからだろう。

また、プロパーの多くは販売子会社である東急リバブルへ出向させられる。だから、東急リバブルの社内が、不動産からの出向組とプロパーの2層構造になっている。風通しがあまりよくなく、経営陣が電鉄体質なので、値引きに対してはアレルギーがある。しかし、販売力が弱いので、結局値引きに追い込まれるケースもある。

また、過去に消費者のクレーム対応を誤り、訴訟で敗れた上にネットで非難サイトを乱立された時期もあった。

大和ハウス工業　ひとことで言えば「大企業」

連結の売上高は3兆円を超える。ここ3年の新卒採用数は毎年約700〜800人もいるが、社員の総数は約1万5000人にとどまっている。

元々がプレハブのハウスメーカーなので、マンション開発事業はどちらかと言うと傍流的な存在。しかし、売り上げだけでも約2800億円と巨大。中小デベロッパーを軽く上回る。ただし、利益は108億円。利益率も他部門に対して見劣りしている（2016年3月期）。

この会社が開発分譲するマンションは、ずっと「あか抜けない」イメージで見られてきた。また、用地仕入れにおいても大企業ならではの鈍重さが災いしてか、上手に買えていない印象が強い。市場の動きに周回遅れとなることが多く、販売価格が高めになる傾向も散見された。

2012年10月、野村不動産の元副社長である高井基次氏をマンション事業担当の上席執行役員兼統括部長に迎え入れる。2013年4月には、コスモスイニシアの株式の

6割を取得。これで大手追撃の態勢を整えたと見られたが……現在のところ、外部からハッキリわかる変化は読み取れない。特に、東京の都心におけるマンション市場で、大和ハウス工業のプレゼンスが高まったとは思えない。

コスモスイニシアは都心のマーケットが得意とされるが、一時に比べればその勢いが復活しているとは言い難い。ただし、大和ハウス工業の地方における強さは独特である。戸建て関連の事業で得る土地情報の質は、業界随一と言われている。したがって、地方都市でのマンション分譲事業は好調。地方都市でのプレゼンスが高い企業である。

マンション開発分譲事業は主に、2001年に合併した大和団地のDNAを受け継いでいる。販売面では現場への権限移譲度が高い。したがって、値引きの判断も現場で行っていると思われるケースがよく見られる。ブランド名は「プレミスト」。今後は地方と首都圏の棲み分けや、コスモスイニシアとの役割分担、あるいは融合などの動きが注目される。

タカラレーベン　ただ今迷走中？

まず、開発事業の方向性が迷走している印象を受ける。マンションごとに作られているオフィシャルページにもそれがよく表れている。ここが分譲しているマンションのオフィシャルページはかなりわかりにくく、見にくく、それでいて知りたい情報が得られないことが多い。茨城県つくば市の物件など英語が主体となっていたので、分譲マンションのオフィシャルページとは思えない迷走感が漂っていた。

都心よりも郊外のファミリー向け大規模マンションの開発分譲が多い。主に首都圏が中心だが、北関東エリアにやや強みを持っている。また、地方都市でも開発事業を行っている。業界内では「営業重視」のデベロッパーとして位置付けられている。

本社のオフィシャルページの会社概要に表示されている、２０１６年３月現在の社員の平均年齢は34歳と若い。この会社は、創業者である現会長の村山義男氏の強烈な個性に牽引《けんいん》されてきた印象が強い。リーマンショック後の不動産バブル崩壊時に、多くの独立専業系マンションデベロッパーが倒産したが、ここは村山氏の強力なリーダーシップで乗り切ったとされている。カタカナ系のデベロッパーでは、数少ない倒産未経験企業。

しかし、現在の開発事業や営業現場の迷走ぶりを見ると、この次に大きな波がやってきた時にどうなるのかが気がかりだ。一部上場とは言え、２０１６年3月期の連結売上高は７６2億円とあまり多くはない。営業の強い会社だが、販売が不調になると値引きには躊躇しない。この会社のマンションを検討する場合、非常に熱心な営業を受けることになるかもしれないが、値引き交渉を積極的に仕掛けることも可能だ。

東京建物　時にはマドンナも呼んでしまう

旧安田財閥（芙蓉）系の不動産会社。ブランド名「ブリリア」で知られている。2015年は山手線目黒駅徒歩1分の「ブリリアタワーズ目黒」が、平均坪単価600万円という高価格にもかかわらず940戸が短期間に完売したことで、業界の内外で話題になった。こういう派手な成功例もあるが、疑問を抱かせる事例も多い。

2014年2月には全棟が完成した「ブリリアシティ横浜磯子」という1230戸の大規模マンションは、派手々々しくデビューしたものの価格が高くて極度の販売不振に陥った。そこで、この規模のマンションとしては異例とも言える、販売途上での大幅な価格改定を実施。それでも好調には転じず、全棟完成から1年を経てやっと完売。その間、さらに大胆な値引きを行っていることも漏れ伝わってきた。

販売子会社の営業スタンスは他社とさほど差がないが、本体の社風について業界では「お公家様集団」と揶揄されることもある。バブルで事業用地が高騰した時でも、「最後の買い手」とみなされるほど高値摑みをするケースもあったという。

「ブリリアマーレ有明」という湾岸のタワーマンションでは、広告のイメージキャラクターにマドンナを起用。日本での撮影が終了した際に、役員が「ご一緒にお食事でも」と誘ったが、マドンナに「そんなことは契約書に書いてない」と、すげなく断られたエピソードは、業界内でよく知られている。

業界のトッププランナーではないが、マンション開発事業は個性的。数年に一度くらいの割合で、「マンション・オブ・ザ・イヤー」的な開発事業を行うが、時々その逆を行く物件も散見される。

価格は決して安くないが、モノづくりは手堅い印象がある。また大手古参としてのプライドも高い会社。さらに旧安田財閥系の毛並みの良さもあって、ブランドイメージは高い。消費者としてはブランドに対する安心感を持ちやすい会社。広告表現などもスマートなものが多い。

近鉄不動産　首都圏でもわりあい老舗

日本最大の私鉄である近畿日本鉄道と同じグループに属する。鉄道系のデベロッパーといえば、不動産業界の経験者がトップに座らないので判断が鈍重になりがちで、用地入れがうまくいかないケースがまま見られる。しかし、この近鉄不動産は鉄道系の中では阪急不動産と並んで、時には「不動産屋らしい」仕入れも行える会社。マンションデベロッパーとしての実績もまずまず。

さらに、不動産の仲介部門もある。いわゆる「街の不動産屋」的な業務も行っている。驚くべきは、本拠地である西日本以外では東京と千葉に店舗まで出している。そういったことも、用地仕入れには役立っているのだろう。とはいえ、関西の鉄道系によく見られるように、長谷工との親和性が高い。したがって業界内で「長谷工プロジェクト」と呼ばれるJVに名を連ねているケースも多い。

また、鉄道系デベロッパーの特徴として、マンションの開発分譲事業が本業ではなく、利益の大半を駅前のビルや沿線の大規模商業施設の運用から得ている場合が多いと思われる。ここは株式を公開していないので詳細まではわからない。ただし、会社の沿革を見ると2015年に親会社の不動産事業を承継したことがわかる。オフィシャルページに表示されている「組織図」によると、「ハルカス運営部」等を擁する「アセット事業本部」が、マンションの開発分譲を行っている「ハウジング事業本部」よりも上位に出ている。

一般的に、独立専業系のようにマンションの開発分譲が主体でない企業の場合、やや「おざなり」な感じが垣間見えたりもする。この会社も、時期によってマンションの開発分譲事業を熱心に行っている時期と、そうでない時期があったりする。用地仕入れ部門が優秀な人材に恵まれている時期と、そうでない時期の違いかと想像する。

ブランド名は「ローレル」。関西だけではなく、首都圏でもある程度浸透してきたブランドである。値引きには柔軟に対応しているようだ。

一建設《はじめ》　プレシスが大量増殖

飯田グループホールディングスの中でマンションの開発分譲事業も行っている会社。ブランド名は「プレシス」。同グループは、ここにマンション開発分譲事業を集中させているようだ。特にリーマンショック以降、分譲戸数を増やしてきた印象がある。ただし、この会社も戸建てが主流で、マンション開発分譲事業の売り上げは全体の約11％でしかない（2016年3月期）。マンションが本業ではないのでやむを得ないのかもしれないが、たとえば、販売が不振だと完売前でも同業者に売却してしまう（アンビシャスという大京の創業メンバーのひとりが起こした会社に、事業ごと売却しているケースをよく見かける)。

「プレシス」は、そもそも「周辺市場よりも割安」に販売することが事業コンセプトであったと聞く。しかし、ここ2~3年は「量の拡大」に走ったせいか、周辺市場よりも割安感を持てる物件が少なくなった印象がある。また、割安感を追求するので仕様は一般レベル。

このデベロッパーはほとんど単独で開発事業を行う。そのせいか、比較的小規模の開発事業が多い。100戸以上のプレシスを見た記憶がない。販売不振の物件では、躊躇なく値引きを行う。ただし、販売力がさほど強いとは思えない。割安に見える物件でも、長期間完売できなかったケースもあった。

もともと東京の西部エリアが地盤であったが、マンション開発は23区内の方が得意そうである。実際、都心エリアでもプレシスを多く見かける。きっと、わりあい強力な仕入れ部門を持っているのだろう。中小規模の開発に特化しているので、独特のノウハウを蓄積しているのかもしれない。

大成有楽不動産　マンション建設は親会社に発注しない

その名の通り、大成建設のグループ会社である。２０１２年までは「有楽土地」という名称であった。それでは大成建設の子会社であることがわかりにくいと考えたのか、グループ会社と合併して今の名称に変わった。

ここはマンション開発分譲事業の歴史が長い割には、今でもやや首をかしげたくなるような事業を行っていたりする。その典型的なケースは、千葉県の習志野市で販売されている「ユトリシア」という１４５３戸の大規模マンション。最初に売り出してから８年以上も経過している。最後の住棟が竣工してからでも１年以上になる。それでも、まだ完売していない。おそらく、当初の事業計画では２～３年での完売を目指していたのであろうから、事業スケジュールは大幅に狂っているはずだ。

この事業用地を仕入れたのは、不動産のミニバブルがピークを迎えていた２００６年頃かと推察する。土壌汚染があって、販売開始が１年ほど遅れたのが致命的だった。京成線のマイナーな駅が最寄りで、しかも駅前でもないエリアで１４５３戸もの分譲を行うのは、普通に考えればハイリスクである。それをＪＶの幹事企業として乗り出したのがこの会社。この事業は赤字になっているものと推測する。他にも、長谷工プロジェクトへの参加が多いデベロッパーである。仕入れ部門があまり強くないのだろう。

ブランド名は「オーベル」。どちらかと言うと中規模以上の開発が多い。また、販売が不調で竣工から何ヵ月も完売しない物件もよく見かける。販売は専属のグループ会社が行っている。そこもさほど販売力が強くないので、長谷工グループの長谷工アーベストが入っているケースも多い。

また、郊外型のファミリーマンションの開発が主体で、都心の高級物件はあまり見かけない。したがって「オーベル」のブランド力はさほど高くない。不調物件では値引きも行われているが、あまり踏ん切りがいいという印象はない。大成建設の子会社なので本体が傾かない限り経営が危ぶまれることはないが、いつまでも「大企業の子会社感」が抜けない企業である。

※特別附録の内容は株式会社リブセンスが運営するネットメディア「イエシルコラム」に限定掲載されていたものに加筆・修正したものです。現在はネット上で公開されておりません。

講談社現代新書　2388

マンション格《かく》差《さ》

二〇一六年九月二〇日第一刷発行

著者　榊《さかき》 淳司《あつし》

発行者　鈴木 哲
発行所　株式会社講談社
東京都文京区音羽二丁目一二―二一　郵便番号一一二―八〇〇一
電話　〇三―五三九五―三五二一　編集（現代新書）
〇三―五三九五―四四一五　販売
〇三―五三九五―三六一五　業務
装幀者　中島英樹
印刷所　凸版印刷株式会社
製本所　株式会社大進堂
定価はカバーに表示してあります　Printed in Japan

N.D.C. 330　186p　18cm
ISBN978-4-06-288388-7

「講談社現代新書」の刊行にあたって

教養は万人が身をもって養い創造すべきものであって、一部の専門家の占有物として、ただ一方的に人々の手もとに配布され伝達されうるものではありません。

しかし、不幸にしてわが国の現状では、教養の重要な養いとなるべき書物は、ほとんど講壇からの天下りや単なる解説に終始し、知識技術を真剣に希求する青少年・学生・一般民衆の根本的な疑問や興味は、けっして十分に答えられ、解きほぐされ、手引きされることがありません。万人の内奥から発した真正の教養への芽ばえが、こうして放置され、むなしく滅びさる運命にゆだねられているのです。

このことは、中・高校だけで教育をおわる人々の成長をはばんでいるだけでなく、大学に進んだり、インテリと目されたりする人々の精神力の健康さえもむしばみ、わが国の文化の実質をまことに脆弱なものにしています。単なる博識以上の根強い思索力・判断力、および確かな技術にささえられた教養を必要とする日本の将来にとって、これは真剣に憂慮されなければならない事態であるといわなければなりません。

わたしたちの「講談社現代新書」は、この事態の克服を意図して計画されたものです。これによってわたしたちは、講壇からの天下りでもなく、単なる解説書でもない、もっぱら万人の魂に生ずる初発的かつ根本的な問題をとらえ、掘り起こし、手引きし、しかも最新の知識への展望を万人に確立させる書物を、新しく世の中に送り出したいと念願しています。

わたしたちは、創業以来民衆を対象とする啓蒙の仕事に専心してきた講談社にとって、これこそもっともふさわしい課題であり、伝統ある出版社としての義務でもあると考えているのです。

一九六四年四月　野間省一

経済・ビジネス

政治・社会

1145 冤罪はこうして作られる　小田中聰樹
1201 情報操作のトリック　川上和久
1488 日本の公安警察──青木理
1540 戦争を記憶する──藤原帰一
1742 教育と国家──高橋哲哉
1965 創価学会の研究──玉野和志
1969 若者のための政治マニュアル──山口二郎
1977 天皇陛下の全仕事──山本雅人
1978 思考停止社会──郷原信郎
1985 日米同盟の正体──孫崎享
2053 〈中東〉の考え方──酒井啓子
2059 消費税のカラクリ──斎藤貴男
2068 財政危機と社会保障──鈴木亘
2073 リスクに背を向ける日本人　山岸俊男　メアリー・C・ブリントン
2079 認知症と長寿社会──信濃毎日新聞取材班
2110 原発報道とメディア──武田徹
2112 原発社会からの離脱　宮台真司　飯田哲也
2115 国力とは何か──中野剛志
2117 未曾有と想定外──畑村洋太郎
2123 中国社会の見えない掟　加藤隆則
2130 ケインズとハイエク　松原隆一郎
2135 弱者の居場所がない社会　阿部彩
2138 超高齢社会の基礎知識　鈴木隆雄
2149 不愉快な現実──孫崎享
2152 鉄道と国家──小牟田哲彦
2176 JAL再建の真実──町田徹
2181 日本を滅ぼす消費税増税──菊池英博
2183 死刑と正義──森炎
2186 民法はおもしろい──池田真朗
2197 「反日」中国の真実──加藤隆則
2203 ビッグデータの覇者たち──海部美知
2232 やさしさをまとった殲滅の時代　堀井憲一郎
2246 愛と暴力の戦後とその後──赤坂真理
2247 国際メディア情報戦──高木徹
2276 ジャーナリズムの現場から　大鹿靖明　編著
2294 安倍官邸の正体──田﨑史郎
2295 福島第一原発事故7つの謎　NHKスペシャル『メルトダウン』取材班
2297 ニッポンの裁判──瀬木比呂志

知的生活のヒント

日本語・日本文化

105 タテ社会の人間関係 中根千枝
293 日本人の意識構造——会田雄次
444 出雲神話——松前健
1193 漢字の字源——阿辻哲次
1200 外国語としての日本語——佐々木瑞枝
1239 武士道とエロス——氏家幹人
1262 「世間」とは何か——阿部謹也
1432 江戸の性風俗——氏家幹人
1448 日本人のしつけは衰退したか——広田照幸
1738 大人のための文章教室 清水義範
1943 なぜ日本人は学ばなくなったのか——齋藤孝
2006 「空気」と「世間」——鴻上尚史
2007 落語論——堀井憲一郎
2013 日本語という外国語 荒川洋平
2033 新編 日本語誤用・慣用小辞典 国広哲弥
2034 性的なことば——井上章一 澁谷知美 斎藤光 三橋順子 編
2067 日本料理の贅沢——神田裕行
2088 温泉をよむ——日本温泉文化研究会
2092 新書 沖縄読本——下川裕治 仲村清司 著・編
2127 ラーメンと愛国——速水健朗
2137 マンガの遺伝子——斎藤宣彦
2173 日本人のための日本語文法入門——原沢伊都夫
2200 漢字雑談——高島俊男
2233 ユーミンの罪——酒井順子
2304 アイヌ学入門——瀬川拓郎